Jean-Michel Blanquer

L'École de demain

Propositions pour une Éducation nationale rénovée

Odile Jacob

© Odile Jacob, octobre 2016
15, rue Soufflot, 75005 Paris

www.odilejacob.fr

ISBN : 978-2-7381-3334-2

INTRODUCTION

Le grand équilibre

> « Traiter de la façon d'élever et d'éduquer les enfants semble être la chose la plus importante et la plus difficile de toute la science humaine. »
>
> MONTAIGNE, *Essais*, Livre I, chapitre XXV.

Face aux défis du XXIe siècle, la société française est à la croisée des chemins. Elle dispose en effet d'atouts majeurs pour affronter l'avenir, notamment grâce à l'héritage de la pensée cartésienne et à sa créativité. Cependant, le modèle français doit aujourd'hui faire face à des remises en cause multiples, liées à l'inquiétude face au progrès technologique, aux risques de déclin économique et d'implosion de la société, au danger de réaction fondamentaliste face à la modernité, sans oublier les blocages inhérents à la société elle-même, qui s'expriment notamment au sein du système scolaire. Accroche

Cette situation impose l'élaboration d'un projet éducatif qui repose sur une philosophie claire et sur une méthodologie d'action, ce qui nécessite d'articuler une vision d'avenir pour la France et des réponses aux enjeux pratiques de l'école au quotidien. Il est grand temps de tracer une voie propre, par-delà les clivages stériles, à unir la société autour de son école au service de la réussite des enfants et des adolescents.

La vision se cristallise en un mot, qui est clé dans la trajectoire de la République française : liberté. L'école existe pour la liberté, elle existe parce que l'idéal commun est que les enfants d'aujourd'hui deviennent des adultes libres. Cette vision ne repose pas sur une conception consumériste et avilissante de la liberté, mais plutôt sur une liberté qui élève, c'est-à-dire une liberté fondée sur le savoir, sur une autonomie toujours plus grande de l'enfant devenant adolescent et adulte. D'ailleurs, au XXIe siècle, les frontières de l'éducation évoluent. Chacun est désormais appelé à se former tout au long de la vie, d'autant que, plus qu'à aucune autre époque, le savoir se trouve au cœur de la société et donc aussi de la culture, de la politique, de l'économie, de la vie.

Cette vision de l'éducation, qui caractérise la République française depuis ses origines, coïncide avec la vision que l'on peut se faire de l'homme au XXIe siècle. En effet, il est possible de définir l'homme comme un être capable d'éducation, capable aussi de s'élever, d'accomplir des progrès dans les sciences et les technologies et d'être fier de ses racines, qui nourrissent la diversité du monde à laquelle on doit tenir en ce siècle. Le grand défi de notre temps est de déterminer comment un monde de plus en plus technologique doit être aussi un monde de plus en plus humain. Et de voir comment l'éducation y concourt en rendant l'homme maître de son avenir.

Dans ce contexte, la France ne manque pas d'atouts. Son histoire, d'abord, est au service de cette vision. Sa conception de l'éducation, ensuite, lui permet de se situer à la croisée de différentes approches qui donnent d'excellents résultats. Ainsi, plusieurs pays, en Asie notamment, obtiennent de très bonnes performances éducatives en misant sur une certaine rigueur pédagogique. Par ailleurs, d'autres pays, au nord de l'Europe, mais aussi sur le continent américain, réussissent parce qu'ils ont su promouvoir l'épanouissement de l'enfant et une certaine « modernité pédagogique ». La France a les moyens de se situer à la confluence de ces deux modèles de réussite, que l'on a tendance à opposer mais qui, si l'on parvient à les articuler, peuvent dessiner un modèle éducatif équilibré, mélange réussi de tradition et de modernité, d'épanouissement et de rigueur, d'effort et de liberté.

Cette ligne d'équilibre conduit à définir une méthode d'action. En effet, chacun en France a un point de vue sur l'éducation, ce qui nourrit très souvent des conflits et des polémiques et conduit parfois même à des embardées, parce que telle réforme inspirée par telle idée, qui paraissait bonne, s'avère finalement être une erreur fatale. L'exemple en est fourni par ces expériences menées dans les années 1970, qui ont conduit à des catastrophes pédagogiques, à l'image de la méthode globale, dont nous ne sommes revenus que trop lentement et trop récemment[1].

Après avoir multiplié les expériences, après avoir traversé bien des vicissitudes, le système éducatif doit désormais trouver son point d'équilibre. Tout en s'appuyant sur son génie propre, il devra aussi recourir à l'expérience, à la comparaison internationale et à la science, trois piliers fondamentaux pour appréhender l'avenir.

En premier lieu, ce que nous dit notre expérience. Nous devons en effet apprendre de nos échecs, être lucides sur nos faiblesses, mais aussi sur nos forces. Ainsi, il ne s'agit pas ici de proclamer que la France est dans une situation catastrophique avec un système éducatif qui partirait à la dérive. La situation est beaucoup plus contrastée et complexe que cela. Des écoles et des établissements se portent très bien, d'autres très mal ; certains territoires vont très bien, d'autres très mal. Des acteurs innovent et réussissent quand d'autres freinent ou tout simplement rencontrent des difficultés. Aussi, le portrait de l'éducation en France doit nécessairement être subtil, et prendre en compte ce que nous dit l'expérience pour apprendre de nos erreurs, en reconnaissant les acquis comme les échecs des gouvernements successifs afin de mieux réussir. De fait, le sujet de l'éducation est un sujet politique au sens profond de ce terme, car il a trait à notre avenir et engage, plus que tout autre sujet, la société dans son ensemble. Ce n'est cependant pas un sujet politicien, car sa temporalité dépasse le temps des alternances, ce qui impose d'en finir avec le va-et-vient des réformes éducatives et pédagogiques que la France a connu jusqu'à présent.

Le deuxième pilier, sur lequel il faut s'appuyer, est celui de la comparaison internationale. Il y a aujourd'hui dans le monde des mesures qui donnent des résultats positifs et d'autres qui échouent, des pays qui vont mieux que d'autres, des études internationales de plus en plus robustes. Contrairement à une idée répandue, tout ne se vaut pas. Tout le monde connaît désormais les études PISA (Programme for International Student Assessment) qui ont permis de mieux cerner le niveau de l'éducation dans de nombreux pays et de les comparer. Ces études permettent d'ailleurs d'aller plus loin que le simple compte rendu qui en est fait par la presse, car elles rentrent dans le détail des compétences des élèves de 15 ans dans près de quarante pays. L'enquête PISA révèle ainsi que le nombre d'élèves en difficulté s'accroît depuis 2000 (+ 124 % en mathématiques et + 24 % en lecture) et que la France semble être le pays de l'OCDE où l'origine sociale pèse le plus sur la trajectoire scolaire. PISA doit d'ailleurs être complétée par d'autres études internationales, comme PIRLS (Progress in International Reading Literacy Study, Programme international de recherche en lecture scolaire) et quelques autres. Par définition, cette tendance à mesurer les performances éducatives va s'accroître dans les années à venir. Il faut donc regarder ces données avec beaucoup d'attention et d'humilité, non pas pour que la France se mette à imiter tel ou tel pays, car notre nation doit trouver sa voie singulière, mais pour qu'elle se nourrisse des expériences qui fonctionnent, sur tous les continents.

Le troisième pilier est constitué par les sciences. Aujourd'hui, nos sociétés et nos économies sont profondément marquées par les conséquences de la révolution digitale. Il est d'ailleurs plus approprié d'en parler au pluriel puisqu'il y a plusieurs révolutions au sein de la révolution digitale : 3D, big data, réseaux sociaux, intelligences artificielles, blockchains, etc. Mais une autre révolution l'accompagne et s'annonce décisive pour l'éducation : la révolution des sciences cognitives, qui n'en est qu'à ses débuts. On sait aujourd'hui des choses sur le cerveau humain que l'on ne savait pas il y a seulement vingt ou trente ans, et qui doivent influencer notre manière d'enseigner et donc de former les professeurs. Il ne s'agit pas d'avoir une approche scientiste, et les sciences cognitives ne sont pas la boussole absolue de tout ce que l'on doit faire en matière d'éducation. Les neurosciences permettent de mieux comprendre les étapes du développement cognitif sans être un nouveau dogme commandant de tout saisir et tout déterminer. Mais elles n'en sont pas moins un repère incontournable sur ce que nous pouvons savoir du cerveau humain, de son énorme potentiel et de la manière de faire réussir chacun dans sa voie propre. Or les sciences cognitives nous disent que chaque personne est singulière et donc que les aptitudes et les chemins de connaissance obéissent à la fois à des schémas communs et à des caractéristiques différentes. Ces différences doivent donc être prises en compte par l'éducation. Plus encore les sciences cognitives nous montrent que le potentiel de chacun est considérable. C'est un message d'optimisme renouvelé sur la nature humaine car ce potentiel s'épanouit grâce à l'éducation. Par exemple, il a été possible de démontrer un sens des probabilités chez le bébé de 3 mois, tout comme une capacité de mémorisation très précoce chez les enfants. Ainsi, les travaux de recherche le démontrent, des mécanismes cognitifs essentiels se jouent entre la naissance et l'âge de 7 ans. Cela confirme l'importance déterminante des politiques de la petite enfance sur lesquelles ce projet insiste tout particulièrement. L'humanisme de notre temps consiste non pas à faire semblant d'ignorer ces connaissances nouvelles mais à en tirer parti pour favoriser l'épanouissement de tous les enfants.

À partir de ces trois piliers, il est possible de bâtir une méthode de l'objectivation au service de la liberté. D'ailleurs, grâce à l'expérience, à la comparaison internationale ainsi qu'à la science, les grands leviers qui font réussir les systèmes éducatifs sont connus, notamment le recrutement et la formation – initiale et continue – des professeurs, la relation école-parents, ou encore la capacité des acteurs de terrain, lorsqu'on leur en donne la possibilité, à adapter le système à des réalités territoriales différenciées, au service d'une forte ambition pédagogique.

C'est sur ces fondements que nous avons besoin de réinventer la rationalité au XXIe siècle. Il faut ainsi faire une place dans l'éducation à toutes les dimensions de l'homme. L'art, la teneur poétique de la vie, le besoin de sens, la compréhension d'autrui enrichissent cette éducation nouvelle. Cette rationalité d'équilibre fait droit au cerveau et à la main, au corps et à l'esprit. Elle doit être mise au service de la liberté car nous devons avoir des enfants, des adolescents et des adultes qui réfléchissent de manière raisonnable, rationnelle et scientifique, en écoutant et en respectant autrui. Pour cela, le système éducatif doit montrer l'exemple par sa capacité d'adaptation.

Au moment où la France est appelée à choisir un cap, la question scolaire est évidemment une clé essentielle de l'avenir. Or le temps de l'éducation est un temps long. Il faut donc à présent choisir une voie, ce qui suppose de dégager les nécessaires continuités, d'une part, et les changements indispensables, d'autre part, pour bâtir dans la durée ce que nous pensons être une société harmonieuse et une République consolidée.

Cela suppose aussi de définir une méthode d'action qui s'appuie sur l'expérimentation afin de réformer à la bonne échelle et à bon escient. Innovation et expérimentation sont en effet les conditions de la recherche d'équilibre pour l'école.

C'est à cette tâche que nous nous sommes attelés dans le cadre de l'Institut Montaigne et avec le soutien d'un groupe d'acteurs et d'experts des questions éducatives animés par le souci commun de faire progresser l'école. Leur expérience, leur vision et leur enthousiasme ont nourri ce texte. Ils doivent en être remerciés.

Ensemble nous avons cherché à répondre non seulement à l'enjeu d'un apprentissage réussi pour tous les enfants de France, mais aussi à celui de la citoyenneté. La volonté d'être une nation *une* par-delà toutes les différences prend sa source dans l'école. C'est par elle que nous pourrons nous affirmer comme un grand pays, rassemblé et pionnier.

L'école maternelle

« Il faut que l'école permette le libre développement de l'activité de l'enfant pour que naisse l'activité scientifique ; c'est là la réforme nécessaire. »

Maria MONTESSORI[1].

Toute ambition forte pour l'éducation et l'égalité des chances impose de faire de la petite enfance une priorité de nos politiques publiques. En effet, la période entre la naissance et l'âge de 7 ans est décisive, tout particulièrement pour les enfants les moins favorisés. Les fortes disparités de développement, qui apparaissent et croissent durant la petite enfance, persistent tout au long du parcours scolaire et peuvent hypothéquer le restant de la vie. La scolarité à l'école maternelle est donc un moment décisif. Alors que près de 100 % des enfants sont scolarisés à 3 ans, s'affirme l'enjeu d'une politique de la petite enfance en matière de crèches et d'aide aux familles avec une priorité claire accordée au langage.

L'immersion langagière est en effet cruciale pour le développement cognitif des enfants en bas âge. Dès 24 mois, les enfants issus de milieux défavorisés présentent un retard dans leur habileté langagière. À 4 ans, un enfant issu d'un milieu social défavorisé a entendu 30 millions de mots de moins qu'un enfant issu d'un milieu favorisé. D'un point de vue cognitif, si rien n'est fait, les enfants défavorisés développent donc de moindres capacités langagières[2]. La France est souvent enviée pour ses structures d'accueil préscolaires. Mais elle pourrait faire davantage, d'un point de vue quantitatif et surtout qualitatif, en donnant à ces structures les compétences nécessaires pour le développement du langage chez l'enfant.

Ce que nous enseigne l'expérience

La maternelle est un moment où se préparent, par des stratégies indirectes, les apprentissages fondamentaux et donc les réussites futures. C'est ce qu'avait déjà très bien compris le docteur Maria Montessori, au début du XXe siècle, lorsqu'elle mettait fortement l'accent sur la petite enfance[3]. Elle a montré qu'il est possible, dès la maternelle, de réconcilier les approches dites « traditionalistes » et les approches dites « modernes ». Par le jeu, l'exercice physique, l'apprentissage en autonomie – où le désir de l'enfant et ses compétences s'expriment naturellement –, on peut préparer les compétences langagières et sociales, décisives pour la réussite en cours préparatoire. Car c'est dès l'école maternelle que se dessinent les grands enjeux de l'école et les possibilités d'aller plus loin.

Depuis la Seconde Guerre mondiale, l'école maternelle est considérée comme un atout pour la France, souvent regardé avec intérêt par de nombreux pays. L'esprit même de cette structure et la scolarisation plus tardive qui prévaut dans beaucoup d'autres pays ont longtemps entretenu le sentiment que nous possédions là un levier puissant, voire unique, érigé en véritable objet de fierté nationale.

Pourtant, dès les années 1980-1990, l'impression d'un affaissement s'est développée[4]. De fait, l'école a rencontré des difficultés pour répondre aux mutations de la société et, en particulier, à l'hétérogénéité croissante du niveau des élèves liée à l'augmentation de la proportion d'élèves en difficulté[5], laquelle se traduit par des aptitudes langagières très diverses. Ce constat est à l'origine d'une réponse pédagogique vigoureuse, mise en œuvre à partir des années 2000 et accentuée à la fin de la décennie. L'idée centrale a été d'affirmer que la mission de la maternelle est de préparer aux apprentissages fondamentaux et de mettre l'acquisition du langage au cœur des apprentissages. Il s'agissait ainsi d'en finir avec la dispersion qui caractérisait jusqu'alors l'enseignement en maternelle. Cette réaction a favorisé l'élaboration, pour la première fois en 2008, d'un véritable programme d'enseignement national pour la maternelle.

Cette orientation a été porteuse de résultats. Une étude très robuste du ministère de l'Éducation nationale montre qu'entre 1997 et 2011 le niveau des élèves à l'entrée en CP a progressé, pour la première fois, de manière significative grâce à la nouvelle politique pédagogique mise en œuvre à l'école maternelle[6]. Le pourcentage d'élèves les plus faibles à l'entrée au CP a ainsi été divisé par trois, passant de 10 à 3 %[7].

L'expérience montre que l'école maternelle dispose de réels atouts mais que, pour être mobilisés, ces derniers doivent faire l'objet d'une incitation nationale méthodique et inscrite dans la durée. Les éléments positifs, notamment le rebond des années 2000, indiquent la voie à suivre.

Ce que nous enseigne la comparaison internationale

Même si la maternelle française est traditionnellement considérée comme un point fort, y compris par les observateurs internationaux, il n'en est pas moins intéressant d'examiner ce qui se passe au-delà des frontières françaises.

Deux tendances majeures se dégagent. Le premier modèle est celui qui favorise l'épanouissement des enfants. C'est en particulier le cas en Finlande, avec les « classes 0 ». Dans ce pays, qui a longtemps trôné tout en haut des palmarès internationaux pour ses performances scolaires et, en particulier, dans l'enquête PISA, avant de connaître un effritement récent, la scolarité obligatoire ne commence qu'à 7 ans. Avant, les élèves ont la possibilité de suivre, entre 6 et 7 ans, une année de classe préscolaire, dite « classe 0 », qui est intégrée soit au sein de l'école fondamentale, soit au sein d'une garderie. Au cours de cette année, les enfants apprennent surtout la vie en société et se préparent à la scolarité à venir.

À l'inverse, d'autres systèmes font de la maternelle ou de l'enseignement préscolaire une véritable préparation à l'école élémentaire. C'est le cas en Corée, où des maternelles accueillent les enfants à partir de 3 ans. La maternelle y est conçue comme une étape préparatoire au niveau élémentaire et les enfants y apprennent les fondements des mathématiques ou encore du coréen et de l'anglais.

Ces deux visions de l'enseignement préscolaire s'inscrivent bien sûr dans des contextes éducatifs et culturels très différents. Mais elles n'en dessinent pas moins deux grandes tendances.

En outre, il faut relever que des pays comme l'Australie (qui a développé une évaluation précoce du développement langagier des enfants : indice de développement des jeunes enfants depuis 2009) ou le Canada prêtent une attention particulière aux origines et au profil de chaque élève, avec un appareil statistique extrêmement développé, qui permet par la suite d'apporter des réponses adaptées aux besoins spécifiques de chacun d'entre eux[8]. Pour que la préscolarisation ait des « effets positifs à long terme sur le développement des enfants, il faut accorder de l'importance à la qualité du personnel et à sa formation, et fixer des objectifs axés sur les capacités cognitives et sociales[9] ».

Ce que nous enseigne la science

L'école maternelle, telle qu'elle est organisée aujourd'hui, ne permet pas suffisamment aux enseignants de se consacrer aux élèves qui en ont le plus besoin, et les objectifs qui lui sont assignés, encore trop nombreux, conduisent à une dispersion contre-productive des enseignements. Une étude récente menée par Bruno Suchaut conclut que moins de huit heures par semaine sont, en moyenne, consacrées par les enseignants aux fondamentaux (langage, lecture, numératie)[10]. Dans un rapport publié en 2007, Alain Bentolila constatait également cette dispersion et la réduction des apprentissages fondamentaux à une portion congrue[11]. Récemment, un rapport de l'Institut des politiques publiques rappelle que la recherche a montré que pour avoir des effets positifs les programmes de stimulation des enfants par des activités scolaires et périscolaires devaient être précoces et intensifs pour être efficaces[12].

Cette situation conduit notre système scolaire à des paradoxes inacceptables : à la sortie de l'école primaire, plus d'un enfant sur trois est en difficulté ou n'a que des acquis fragiles en lecture, en écriture et en calcul[13]. Pourtant, « la recherche montre que presque tous les enfants peuvent réussir lorsque des méthodes d'enseignement appropriées sont déployées très tôt[14] ». Des expérimentations, menées il y a plus de quarante ans, démontrent que la stimulation cognitive précoce – entre 0 et 5 ans – a un impact positif à long terme sur la réussite scolaire, le niveau d'études et l'insertion professionnelle[15]. Les activités qui permettent de tels résultats peuvent être aisément mises en place : lecture partagée, jeux cognitifs, discussions individuelles quotidiennes. Les conclusions de ces études pionnières sont encore très peu relayées en France.

Or la France semble être le pays de l'OCDE où l'origine socio-économique pèse le plus sur les résultats scolaires[16]. À bien des égards, la France est aujourd'hui dans la situation de l'Allemagne il y a quinze ans, avant le « PISA choc ». C'est pourquoi il est essentiel d'agir dès la petite enfance pour contrebalancer les fortes disparités de développement entre les jeunes enfants selon leur milieu social. Pourtant, aujourd'hui, *la courbe de financement de notre système éducatif est à rebours des enseignements de la recherche, avec davantage de moyens consacrés au secondaire qu'au primaire*. En effet, les dépenses par élève du secondaire sont de 23 % plus élevées en France que dans la moyenne des pays de l'OCDE (11 109 USD, contre 9 280 USD en moyenne), celles par élève du primaire sont inférieures de 29 % à la moyenne des pays de l'OCDE

**Plus l'intervention est tardive,
plus les dépenses sont inefficaces**

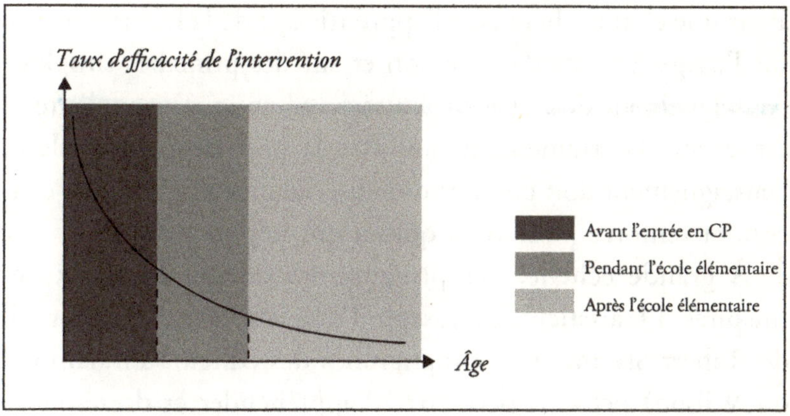

D'après James J. Heckman.

(6 917 USD, contre 8 296 USD en moyenne)[17]. Cette situation est d'autant plus incohérente que les travaux de James Heckman, prix Nobel d'économie, montrent qu'un euro consacré à un très jeune enfant permet d'en économiser jusqu'à huit plus tard, dans les domaines de la santé, de l'éducation, de la sécurité, de la justice ou des services sociaux[18].

Plus encore, il apparaît essentiel de mettre en œuvre des programmes pédagogiques ayant prouvé leur efficacité en matière de prévention des difficultés d'apprentissage, souvent annonciatrices de difficultés d'insertion professionnelle. Les enfants qui rencontrent des difficultés dès le début de l'apprentissage de la lecture rattrapent rarement leur retard. Près de 80 % des élèves « décrocheurs » étaient déjà en difficulté au CP. *La meilleure manière de lutter contre l'illettrisme est donc d'identifier le plus tôt possible ces premières difficultés et de prévenir au plus tôt leur accumulation*[19]. Les conclusions du programme « Parler bambin », développé dans deux crèches de Grenoble, vont dans le même sens[20]. Notre capacité à identifier les enfants qui, dès la maternelle, ont besoin d'une attention particulière pour avoir une chance de réussir l'apprentissage de la lecture, repose sur l'usage de tests d'évaluation et sur des principes simples : l'enseignement doit être structuré, systématique et explicite[21] ; l'intensité d'entraînement doit être la plus élevée possible et l'enseignement doit être personnalisé, adapté au niveau de chacun, et renforcé pour ceux qui en ont le plus besoin.

À grande échelle, des programmes de lecture structurés (inspirés d'Hartsfield, de Joseph Torgesen, de Success for All de Robert Slavin, et de programmes des éditeurs Lindamood ou Wilson) peuvent permettre d'appréhender et de résoudre les difficultés liées à l'apprentissage de la lecture chez l'enfant. Les objectifs, tout comme la méthodologie rigoureuse de ces programmes, peuvent inspirer les initiatives françaises.

L'Abecedarian, et le Perry Preschool utilisent la même méthodologie, inspirée de la recherche médicale et fondée sur la « randomisation », avec un « groupe témoin » et un « groupe test ». L'impact des interventions est ainsi mesuré en comparant le groupe bénéficiant de l'intervention souhaitée (« groupe test ») au groupe sur lequel aucune intervention n'est pratiquée (« groupe témoin »). La « randomisation » (tirage au sort des enfants d'un même groupe comparable pour faire partie du groupe témoin ou du groupe traitement) permet, en outre, d'avoir des groupes homogènes et d'éviter tout biais statistique. Ces programmes ont fait l'objet d'évaluations rigoureuses et ont prouvé qu'en intervenant de façon ciblée et continue sur de très jeunes enfants (de 0 à 5 ans) issus de milieux socio-économiques défavorisés, il était possible d'influencer leur vie durablement.

Success for All est un programme qui a débuté à la fin des années 1980 aux États-Unis et qui a été pensé par Robert Slavin.

Ce chercheur s'est donné pour mission de développer et de diffuser des programmes éducatifs fondés sur les avancées de la recherche. Success for All favorise l'apprentissage coopératif dès le plus jeune âge (maternelle), les pédagogies structurées et l'optimisation du temps scolaire, mais aussi le développement des compétences sociales et affectives. L'implication des parents et des enfants eux-mêmes constitue un point central du programme.

Mis en œuvre en Caroline du Nord dans les années 1970, le Carolina Abecedarian Project a concerné quatre cohortes d'enfants défavorisés. Les enfants du groupe traitement ont bénéficié d'une série d'activités préscolaires intensive et de grande qualité. À l'issue des cinq années du programme, l'impact sur le niveau scolaire des enfants du groupe traitement est très important : l'échec scolaire a fortement diminué au primaire et cette tendance s'est maintenue au lycée. Elle s'est ensuite confirmée durant les études supérieures. Il a également eu une incidence sur le quotient intellectuel des cent onze enfants testés : les bénéficiaires du programme présentent des scores significativement supérieurs à ceux des enfants du groupe témoin.

Le projet Perry Preschool, conduit de 1962 à 1967 puis suivi jusqu'à 2005, sur des enfants américains de 3 à 4 ans, selon un dispositif similaire au précédent, a quant à lui eu des effets bénéfiques sur les capacités non cognitives, comme la motivation, l'autodiscipline et la sociabilité. Les enfants suivis, en bénéficiant d'une éducation préscolaire centrée sur la prise de décision et la résolution de problèmes, ont, en outre, poursuivi plus largement leurs études secondaires.

Par ailleurs, Tools of the Mind, programme d'Adèle Diamond visant à améliorer les fonctions exécutives des enfants en cadre préscolaire, a également obtenu des résultats probants.

En les entraînant au contrôle de soi, les enfants ont davantage développé leur mémoire de travail et leur flexibilité cognitive.

Enfin, on doit prendre en compte les travaux de Jean Decety qui mettent en évidence le potentiel d'empathie du petit enfant. Les compétences de sociabilité se développent d'abord à l'école maternelle[22].

Ce qu'il faut faire

L'objectif de l'école primaire dans son ensemble – maternelle et élémentaire – doit être d'apprendre à chaque enfant à lire, à écrire, à compter et à respecter les autres à travers l'apprentissage des règles de la société. Cela commence dès l'école maternelle. Parce que le langage est la clé du développement cognitif, *l'immersion langagière doit être à la fois l'objectif premier et le fil conducteur de l'école maternelle. L'existence même de l'école maternelle permet de développer une stratégie pédagogique nationale afin de préparer au mieux les apprentissages fondamentaux à partir du CP*. C'est la réponse que l'école doit apporter au problème français du déterminisme et de la reproduction sociale, en apportant une attention constante aux besoins de chaque enfant.

Cela suppose à la fois un enseignement de grande qualité durant la prime enfance et une mobilisation dans la durée de l'ensemble des acteurs du système éducatif. Il s'agit d'une priorité politique nationale qui mérite de dépasser les clivages idéologiques.

Scénario fondamental

Le ministère de l'Éducation nationale doit proposer aux professeurs une mise en œuvre des programmes nationaux d'enseignement qui donne la *priorité absolue au langage*. Cela passe par la diffusion de pratiques et de techniques pédagogiques inspirées par la recherche et fondées sur les meilleurs standards scientifiques internationaux.

La mise en œuvre d'un tel programme pédagogique suppose un accompagnement et un effort considérable pour la formation initiale et continue des professeurs. *La création, au sein de la formation initiale, d'un certificat d'enseignement en maternelle* permettrait de les sensibiliser aux avancées des sciences cognitives comme aux approches permettant la personnalisation. Ce certificat pourrait également être proposé en *formation continue*. Cette dernière constitue en effet un levier majeur pour l'évolution des pratiques en classe.

En développant des formations qui prennent appui sur un dialogue nourri et permanent entre les chercheurs et les enseignants, on rendra possible une fertilisation croisée entre la salle de classe et les laboratoires scientifiques de haut niveau. Les bilans des études scientifiques portant sur les acquisitions et les apprentissages disciplinaires (l'orthographe ou les mathématiques par exemple) ainsi que les synthèses abordant notamment les questions relatives à la mémoire, à l'attention ou aux troubles affectant ces capacités doivent trouver une place de choix dans la formation des enseignants. Toutefois, enseigner implique aussi la maîtrise d'une pratique : les savoirs, quelles que soient leur précision et leur qualité, ne peuvent suffire. Les sciences cognitives doivent donc également alimenter les pratiques : l'élaboration d'outils d'évaluation, des progressions individualisées et structurées, des exercices ainsi que la conduite des séquences d'enseignement gagneront, eux aussi, à s'inspirer bien davantage des acquis de la recherche.

À l'image de ce qui existe en Australie ou au Canada, l'école maternelle doit également être en mesure d'identifier plus systématiquement les difficultés et les besoins spécifiques des élèves. En effet, l'école a trop souvent tendance à rejeter ce qu'elle ne parvient pas à résoudre et qui devrait pourtant relever de son action. Aujourd'hui, 10 à 15 % des élèves sont suivis par des médecins, alors que moins de 10 % relèvent vraiment d'un suivi médical… Et ceux qui en auraient besoin ne sont pas nécessairement ceux qui sont dirigés vers ce type de dispositif[23]. Ces dernières années ont vu l'émergence d'une médicalisation accrue du traitement de la difficulté scolaire, ce qui démontre combien nombre de professeurs peuvent être désarmés face à elle alors qu'ils devraient être précisément en capacité de l'affronter. L'origine des troubles des apprentissages est souvent multifactorielle, c'est pourquoi l'enjeu est de *mieux distinguer ce qui relève du médical et ce qui relève de l'école*[24]. Seul un tel effort permettra de mieux former les professeurs pour leur permettre de résoudre ce qui relève de la difficulté scolaire afin de suivre au mieux les étapes allant du diagnostic des enfants en difficulté jusqu'à leur prise en charge de plus en plus individualisée. L'action en faveur de l'acquisition et de la maîtrise du langage à la maternelle dépendra beaucoup de la formation des professeurs[25]. Le modèle d'une intégration progressive dans le métier permettra d'*introduire dans leur formation initiale un trimestre consacré aux stratégies comme aux outils d'immersion langagière, suivi d'un stage d'application en classe à l'école maternelle.* Formés à des techniques qui ont scientifiquement fait leurs preuves, les étudiants qui se destinent à l'enseignement viendront ainsi soutenir l'action des professeurs des écoles en faveur de l'acquisition du langage[26].

Là encore, l'accent sera mis sur les territoires où les besoins sont les plus importants : REP + (réseau d'éducation prioritaire) d'abord, puis REP et zones rurales avant d'envisager l'extension du dispositif. Cette proposition est réalisable à coûts constants.

En effet, la formation en Écoles supérieures du professorat et de l'éducation (ESPE) prévoit des stages dans les écoles, en première et deuxième année de master.

Scénario optimal

En s'appuyant sur les différents éléments qui composent le scénario fondamental, il est possible d'aller beaucoup plus loin pour réussir l'immersion langagière des élèves issus des milieux modestes et prévenir ainsi la difficulté scolaire massive. Pour cela, il faut pouvoir agir sur la taille des classes. En effet, les classes de maternelle françaises sont aujourd'hui plus chargées (vingt-trois enfants par enseignant en moyenne) que dans les autres pays de l'OCDE (quatorze en moyenne)[27]. Compte tenu de la concentration de la difficulté scolaire dans un certain nombre de territoires urbains, périurbains ou ruraux, il doit être possible pour un pays comme le nôtre de *diviser par deux la taille des classes de maternelle, en REP +, puis en REP*[28]. Cette mesure est coûteuse en emplois d'enseignants : il faudrait créer environ 3 500 postes supplémentaires d'enseignants du premier degré pour dédoubler les classes de grande section. Le coût budgétaire de ces postes serait de 120 millions d'euros par an environ.

Le taux d'encadrement est souvent une réponse facile et parfois inexacte aux difficultés du système éducatif. Mais à la maternelle, son efficacité est certaine[29]. Une expérimentation menée aux États-Unis dans l'État du Tennessee en 1986 a démontré à ce niveau l'impact de la taille des classes sur la réussite scolaire (programme STAR, 11 600 élèves, 79 écoles). Le protocole, qui affectait aléatoirement les élèves dans trois groupes à partir de l'année préélémentaire (classe « normale » de 22 élèves, petite classe de 15 élèves et classe « normale » dotée d'un assistant en soutien) a permis de mettre en évidence de bien meilleurs résultats dans les petites classes (écart type de 20 % en mathématiques et en anglais). Ce type de dispositif serait ainsi capable de réduire de 60 à 80 % des inégalités observées entre Noirs et Blancs aux États-Unis.

Cette mesure a un coût important, mais elle aurait un effet déterminant et certain sur l'acquisition du langage.

MESURES CLÉS POUR L'ÉCOLE MATERNELLE

1. Donner la priorité absolue à l'immersion langagière en maternelle et en faire une priorité politique nationale.
2. Diffuser des techniques pédagogiques qui ont fait leurs preuves, inspirées directement par la recherche et fondées sur les meilleures expériences internationales.
3. Créer, au sein de la formation initiale, un certificat d'enseignement en maternelle. Ce certificat sera également proposé en formation continue.
4. Introduire dans la formation initiale des professeurs un trimestre consacré aux méthodes d'immersion langagière, suivi d'un stage d'application en maternelle. Les étudiants qui se destinent à l'enseignement effectueront ces stages prioritairement en REP + et en REP.
5. Définir les indicateurs et élaborer les dispositifs de diagnostic précoce pour distinguer les problématiques qui relèvent de la médecine et celles qui relèvent de la difficulté scolaire.
6. Renforcer la présence des arts à l'école maternelle au service du développement de la sensibilité et de l'expression orale.
7. Diviser par deux la taille des classes à l'école maternelle, prioritairement en REP + puis en REP.

L'école élémentaire

« Dans connaître, il y a naître. »

Victor HUGO, *Carnets intimes.*

Après la maternelle, tournée vers l'immersion langagière, *la mission de l'école élémentaire est l'acquisition – et la maîtrise – des savoirs fondamentaux par tous les élèves*. Elle est donc un moment clé de la scolarité de l'enfant, qui correspond à la période de plus fort développement du potentiel des élèves. C'est également un étage très important du système scolaire pour la lutte contre les inégalités.

Du CP au CM2, il faut parvenir à transmettre les fondamentaux à tous. Cet objectif essentiel dépend pour beaucoup de la *capacité à personnaliser les apprentissages*. L'objectif est bien d'apprendre à tous les enfants à lire, écrire, compter. Il s'agit également de leur transmettre les valeurs qui fondent le respect des autres et l'appartenance à notre pays. Mais cet horizon commun n'implique plus, comme au XIXe siècle, d'uniformiser l'enseignement. Au contraire, une personnalisation des apprentissages est souhaitable pour tenir compte des besoins de chaque enfant.

Cette conception de l'école élémentaire renvoie à la quantité et à la qualité du temps passé par les enfants à l'école. Comment retrouver davantage de temps à l'école et comment faire de ce temps supplémentaire un levier efficace pour accroître la maîtrise des savoirs fondamentaux pour l'ensemble des élèves : il faut assurer au moins 26 heures de cours effectives par semaine à tous les enfants. Ensuite, il faut développer la personnalisation de l'enseignement.

Ce que nous enseigne l'expérience

Les trente dernières années se caractérisent par une dégradation des performances des élèves, qui a entraîné une défiance croissante à l'égard de l'école élémentaire[1]. Souligner cela, c'est s'exposer à la contestation et prendre le risque d'être taxé de passéisme. Ce constat s'appuie pourtant sur des données objectives : l'évaluation PIRLS réalisée par l'université de Boston sur les performances à 11 ans permet de mesurer les performances des élèves français en lecture et de les comparer avec celles des autres élèves des pays évalués. *La compétence des élèves français en lecture à 11 ans (520 points) se situe au-delà de la moyenne internationale (500 points), mais en deçà de la moyenne des pays de l'Union européenne (534 points).* PIRLS montre une proportion importante d'élèves en grande difficulté scolaire, et ce dès le plus jeune âge. Ainsi, 5 % des élèves n'atteignent aucune des compétences visées à ce stade, contre seulement 2 % en Allemagne ou en Italie et 20 % d'élèves supplémentaires n'atteignent pas le niveau 2, qui doit être considéré comme un niveau minimum de référence, contre seulement 10 % aux Pays-Bas. Par ailleurs, les travaux réalisés par la

Direction de l'évaluation, de la prospective et de la performance (DEPP) au sein du ministère de l'Éducation nationale sur les évaluations PIRLS montrent des écarts de performance très marqués entre les élèves scolarisés dans des zones d'éducation prioritaire (devenues REP et REP +) – 480 points en moyenne – et les élèves scolarisés hors zone d'éducation prioritaire – 523 points[2].

Sur la longue durée, la maîtrise de l'orthographe et de la grammaire s'est également dégradée, comme le démontrent les résultats obtenus à une même dictée, proposée en 1987, 1997 et 2007[3]. Dresser ce constat n'est pas être rétrograde. Il s'agit plutôt de reconnaître sans détour que l'imprégnation du langage et la maîtrise des savoirs fondamentaux ont cessé d'être une priorité – si ce n'est dans les discours, du moins dans la réalité de la salle de classe. L'un des grands enjeux des prochaines années est donc de promouvoir une approche pédagogique qui donne une *priorité absolue à la maîtrise de la langue*, grâce aux techniques et aux outils qui ont fait leurs preuves. Cela passe d'abord par l'immersion langagière, comme cela a été souligné pour l'école maternelle. Cela passe ensuite, à partir de la grande section et du CP, par un travail de mémorisation, de répétition, d'imagination, d'exercice et par des pratiques de langage ambitieuses, qui s'appuient sur le goût des histoires, le plaisir de la fréquentation des grands textes patrimoniaux et la lecture des contes, par exemple.

Ce que nous enseigne la comparaison internationale

La comparaison internationale montre à nouveau les vertus d'un enseignement structuré, explicite et centré sur l'acquisition des savoirs fondamentaux. C'est le modèle choisi par les pays asiatiques qui, comme le Japon, la Corée, Hong Kong ou Singapour, obtiennent d'excellentes performances dans l'évaluation PISA réalisée par l'OCDE tous les trois ans. Elle évalue les compétences des élèves à 15 ans.

Ainsi, à Singapour, l'école élémentaire, qui compte six années de 6 à 12 ans, insiste sur l'acquisition des savoirs fondamentaux : langue maternelle, anglais et mathématiques. En classe P2, qui correspond au CE1, l'emploi du temps hebdomadaire des élèves est le suivant :

7 h 30	EL (English Language/anglais).
6 heures	CL (Chinese Language/chinois).
5 heures	MA (Mathematics/mathématiques).
2 heures	PE (Physical Education/éducation physique).
1 heure	CME (Civics and Moral Education/éducation civique).
1 heure	MU (Music/musique).
1 heure	ART (Art).
30 minutes	SS (Social Studies/géographie locale).
2 heures	PAL (Program for Active Learning) : renforcement en PE, ART, MU ou CA (Calligraphy/calligraphie chinoise).
1 h 30	Tous les lundis matin INT Interaction puis, soit AS (Assembly), soit CDP (Character Development Program/hygiène, etc.), soit FTI (Form Teacher Interaction/professeur principal).

Ainsi, sur un total de 26 heures obligatoires, près de 19 heures sont consacrées aux apprentissages fondamentaux. En outre, à partir de la classe P4 – qui correspond à notre CM1 –, un test conduit à une première différenciation des parcours. Les élèves suivent des enseignements de niveau « standard » dans les matières où ils obtiennent de bons résultats et ils suivent des cours de niveau *foundation* dans les matières où ils rencontrent des difficultés. C'est le concept du *streaming*, qui conduit à approfondir là où l'on est fort et à être soutenu là où l'on est plus faible.

Les performances de Singapour sont particulièrement remarquables en mathématiques. Dans ce domaine, la cité-État figurait au deuxième rang dans PISA en 2009 et 2012, quand la France n'atteignait que la 25e place. Il faut y voir la conséquence de la place des mathématiques dans l'emploi du temps des élèves, mais aussi d'un enseignement particulièrement efficace, fondé sur un apprentissage rigoureux, simple, progressif et explicite (à l'explication des concepts succède leur mise en application). Les élèves sont ainsi invités à étudier les opérations et les notions mathématiques jusqu'à ce qu'ils les maîtrisent pleinement. La répétition des exercices et la résolution de nombreux problèmes participent de ce processus d'apprentissage qui permet aux élèves de s'approprier progressivement et profondément les concepts et les démarches mathématiques.

Cette méthode rigoureuse et explicite conçue par le ministère de l'Éducation singapourien connaît d'ailleurs un succès international, au point que des manuels de mathématiques singapouriens sont désormais traduits en français.

Le succès d'expériences étrangères le démontre, l'échec scolaire n'est pas une fatalité. Par exemple, l'expérimentation menée par le professeur Joseph Torgesen[4] en Floride, sur une période de cinq ans (1993-1998), a permis de diviser par huit le nombre d'élèves en grande difficulté, grâce à un changement global de l'organisation et des enseignements d'une école élémentaire. Torgesen a souhaité se concentrer sur l'apprentissage de la lecture, ainsi que sur les compétences qui permettent sa maîtrise (vocabulaire, conscience phonologique, code alphabétique, travail sur la fluidité de lecture). L'efficacité de cette méthode – sous-tendue par un enseignement structuré, explicite et où la répétition et l'entraînement jouent une place centrale – est évaluée durant la troisième année de l'école élémentaire (équivalent du CE2 français). Dès l'année scolaire 1995-1996, la part de bons lecteurs a quasiment doublé et la part de lecteurs faibles a été divisée par huit. Cette expérimentation menée dans l'école élémentaire Hartsfield a essaimé en Floride, où près de 75 % des écoles élémentaires appliquent en partie les principes pédagogiques promus par Torgesen. En 2011, la Floride se classe deuxième au test PIRLS (CM1) avec 569 points, la France n'en obtenant que 520.

Ce que nous enseigne la science

L'un des enjeux majeurs pour les systèmes éducatifs dans le monde entier est désormais de prendre en compte les avancées des sciences cognitives. Il faut parvenir à doter les futurs enseignants d'un bagage de principes fondamentaux sur les apprentissages, qui leur permettra, ainsi qu'aux parents d'élèves, de traduire les avancées démontrées dans le champ éducatif afin de les appliquer dans leurs pratiques quotidiennes pour en faire bénéficier les élèves.

L'« effet-maître » désigne la valeur ajoutée qu'apporte un professeur aux performances d'un élève. C'est un facteur déterminant de progrès et de performances. Il est le seul à même de contrebalancer l'effet si massif produit par l'origine sociale des élèves. Des études récentes montrent que l'impact le plus fort sur la réussite scolaire tient aux compétences de l'enseignant et aux pratiques qu'il met en œuvre[5]. Une étude menée par l'Université Stanford, a ainsi permis d'établir que les élèves ayant bénéficié de l'enseignement d'un professeur appartenant au dernier décile en termes de capacité à enseigner (se situant donc parmi les « meilleurs » professeurs), le temps d'une année scolaire, maîtrisaient les enseignements d'une année et demie. À l'inverse, les élèves suivis par des enseignants du premier décile (0 à 10 %) ne maîtrisaient que l'équivalent d'un demi-programme. Les conclusions de cette étude démontrent qu'aucun autre critère n'a autant d'impact sur la réussite scolaire que celui de la compétence des enseignants.

S'agissant des techniques pédagogiques, après des années de polémiques enflammées, un consensus semble se dégager concernant celles qui permettent d'obtenir les meilleurs résultats en matière d'apprentissage de la lecture. Ainsi, Stanislas Dehaene, professeur au Collège de France et titulaire de la chaire de psychologie cognitive expérimentale, a démontré qu'il existe des principes et des méthodes plus adaptés aux mécanismes cognitifs. Il a ainsi identifié sept principes[6] :

1. Principe d'enseignement explicite du code alphabétique.
2. Principe de progression rationnelle (aller du plus simple au plus compliqué pour apprendre les syllabes et les sons auxquels elles correspondent).

3. Principe d'apprentissage actif associant lecture et écriture.
4. Principe de transfert de l'explicite vers l'implicite (faciliter l'automatisation rapide de la lecture).
5. Principe de choix rationnel des exemples et des exercices.
6. Principe d'engagement actif, d'attention et de plaisir.
7. Principe d'adaptation au niveau de l'enfant.

Il n'y a pas de méthode unique d'apprentissage de la lecture. En revanche, il existe un spectre de méthodes dont l'efficacité est avérée[7], tandis que certaines ne produisent pas de bons résultats. Il en va de même en mathématiques, comme le souligne Michel Fayol dans *L'Acquisition du nombre*[8]. L'ouvrage récent de Sandrine Garcia et d'Anne-Claudine Oller met en avant les méthodes explicites[9]. Elles ajoutent qu'« en mathématiques aussi, il y a des choses à automatiser, comme le calcul[10] ». Il faut donc proposer une pédagogie explicite, progressive, qui tienne compte des sciences cognitives, et qui soit à la fois exigeante et ambitieuse.

Le graphique suivant montre qu'il est possible d'évaluer le poids des différents facteurs dans les progrès scolaires. Ils ne sont pas nécessairement corrélés à des dépenses supplémentaires. Les deux premières mesures sont simples à déployer à l'échelle d'une école et produiraient un effet massif. C'est pourquoi, au niveau de l'école primaire, les évolutions pédagogiques sont plus importantes que les réformes organisationnelles.

Ce qui fonctionne, à quel coût ?

Efficacité et coût des stratégies éducatives

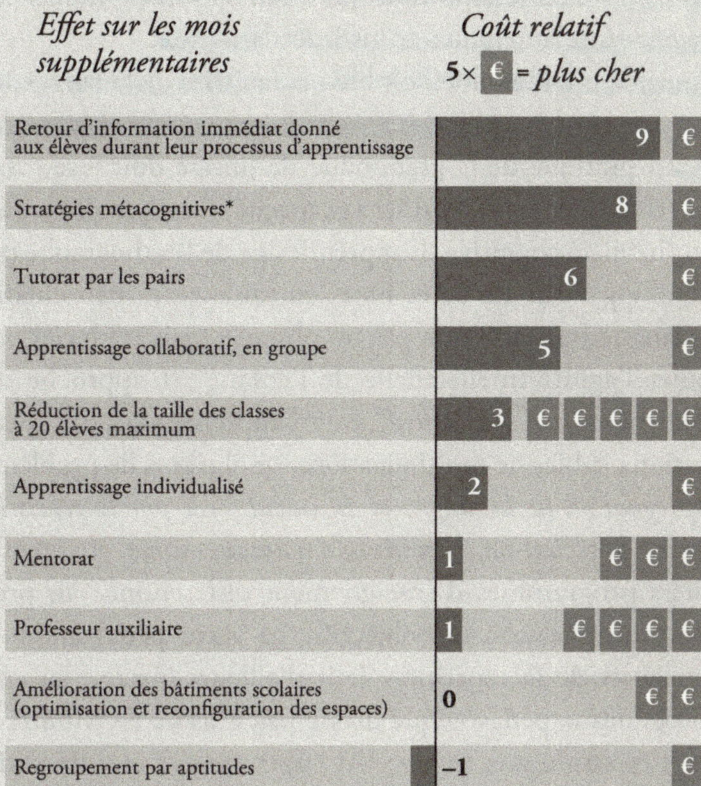

https://educationendowmentfoundation.org.uk/evidence/early-years-toolkit/

* Aider les élèves à penser explicitement leur processus d'apprentissage

Ce qu'il faut faire

Pour relever les défis du XXIe siècle, l'école élémentaire doit retrouver la double ambition qui a fait sa force : transmettre les savoirs fondamentaux et instituer la nation.

Ainsi, le premier enjeu est bien la maîtrise de la langue, qui repose sur les deux piliers que sont la *grammaire* et le *vocabulaire*. La pratique de la grammaire de phrase doit être totalement réhabilitée pour fortifier la capacité d'analyse des enfants et leur habileté cognitive. L'apprentissage de l'orthographe peut se développer sur de telles bases en faisant des particularités de la langue française non pas un obstacle mais un levier pour stimuler l'agilité intellectuelle de l'enfant[11]. L'approche doit être la même *pour le calcul*, avec l'apprentissage des quatre opérations, tables de multiplications, résolutions de problèmes. *L'imprégnation de la langue et du calcul passe par la répétition, l'exercice, la récitation, l'acquisition d'automatismes*, auxquels les derniers programmes d'enseignement ont renoncé au profit d'une multiplication des objectifs. La vertu pédagogique de l'exercice et de la répétition était d'ailleurs inscrite au cœur du programme pédagogique dressé par Érasme : « Montre-toi attentif et assidu aux leçons. Un effort exagéré étouffe parfois les dons naturels des élèves. L'assiduité, au contraire, est une vertu de juste milieu qui peut se maintenir ; elle accumule par des exercices quotidiens bien plus qu'on ne l'imagine », et il ajoutait : « Pour éviter que ne s'envole ce que tu as entendu, répète-le, seul ou avec d'autres[12]. » À l'école élémentaire, la clé est donc de proposer un enseignement explicite, progressif et ambitieux, pleinement articulé aux contenus de l'école maternelle.

L'école élémentaire doit également être le lieu où se transmettent les grandes références culturelles ainsi que les valeurs universelles, à commencer par le respect des autres. Ces valeurs sont celles de la République.

On a besoin, à l'école primaire, d'ancrer de façon simple, claire et progressive une histoire et une géographie de la France qui donne à chaque enfant un sens de la chronologie et de l'espace de son pays.

Cette école doit être une école de l'exigence, de l'excellence et du mérite, qui permet à chacun d'exprimer et de renforcer son potentiel et ses talents afin de lutter contre le déterminisme social. Alors que le pacte républicain est sévèrement ébranlé par toutes les formes de repli sur soi et de radicalisation, la France a plus que jamais besoin d'avoir confiance en son école. Pour cela, *une révolution organisationnelle n'est pas nécessaire*. Pour conduire la réforme pédagogique indispensable, il faut des priorités pédagogiques claires. Toute évolution organisationnelle doit être au service de cela.

Scénario fondamental

L'avenir de l'école élémentaire consiste d'abord à consolider les savoirs fondamentaux chez tous les enfants. Toutes les autres mesures qui pourront être prises, en matière de gouvernance ou de pilotage, devront être mises au service de cette ambition centrale.

Il est regrettable d'être revenu sur les programmes de 2008, qui exprimaient cette conception exigeante, explicite et progressive des apprentissages dont l'école a tant besoin. Cependant, aujourd'hui, plutôt que d'engager une énième guerre des programmes, il est préférable de faire avec ce qu'ils sont et de *se concentrer sur l'essentiel, c'est-à-dire sur les pratiques pédagogiques.* Cela suppose néanmoins d'accompagner ces programmes d'un *cadre pédagogique très précis* et d'une véritable *politique d'encouragement à la production de ressources scolaires en ligne* avec les acquis de la science (manuels, espaces collaboratifs, MOOC, etc.) ainsi que de la *mise en place d'un label de qualité* pour ces ressources. La *formation initiale et continue des professeurs* sera elle aussi centrée sur la mise en œuvre des méthodes pédagogiques et la tenue de classe. L'exigence bienveillante est la formule qui résume ce que l'on doit attendre de la relation éducative du maître vis-à-vis de l'élève.

Pour l'école élémentaire, le premier pilier est constitué par les pratiques pédagogiques appuyées sur les résultats de la recherche scientifique et la comparaison internationale. Il apparaît essentiel d'assurer un nombre minimal d'heures en français et en mathématiques (20 heures sur 26) et de veiller à l'application en classe des pédagogies les plus efficaces. La logique de l'inspection devra désormais être de se concentrer sur cet aspect, en veillant à conseiller et à soutenir les professeurs.

Le deuxième pilier est celui constitué par l'*évaluation*. La suppression en 2012 des évaluations nationales en fin de CE1 et de CM2 a été catastrophique, nous privant d'un outil indispensable de mesure et d'une boussole pour l'action. Dans ce domaine, aucune hésitation n'est permise. Cette démarche s'inscrit dans une objectivisation rigoureuse des résultats scolaires des enfants, en aucun cas pour les stigmatiser mais pour pouvoir individualiser leur suivi, et améliorer les performances de notre école. Nous disposons encore de trop peu d'outils pour appréhender le profil scolaire d'un enfant et l'aider efficacement : une note ou, au mieux, une appréciation faisant le point sur les compétences acquises ou en cours d'acquisition[13].

L'évaluation doit désormais entrer dans une phase moderne : il est temps de consolider des indicateurs pertinents et légitimes afin que les professeurs et les parents puissent comprendre les points forts et faibles de chaque enfant, et mettre cette analyse fine au service de ses progrès. Cela signifie que l'école doit *promouvoir une évaluation systématique de ses pratiques et de l'acquisition des connaissances par les élèves.* Cette évaluation doit être adaptée aux pratiques pédagogiques des enseignants et être compréhensible par les familles pour renforcer le dialogue entre l'enseignant, les parents et l'élève. Elle doit aussi permettre d'accompagner l'élève dans la personnalisation de son parcours en l'intégrant à une dynamique de réussite.

Il faut non seulement rétablir les évaluations nationales, mais les étendre à chaque fin d'année, du CP au CM2. Cela permettra de créer un lien entre les années, de disposer d'un instrument de pilotage pédagogique, de retrouver les cohortes permettant d'établir des comparaisons, mais aussi de responsabiliser l'ensemble des acteurs. En outre, à l'heure où l'accès aux données est devenu un enjeu démocratique, l'école doit être davantage transparente et *publier les résultats de ces évaluations.* Il serait même souhaitable d'aller plus loin et d'en réaliser en fin et en début d'année tout au long de l'école primaire. Ce serait une manière de s'attaquer à un sujet de société majeur : la déperdition des savoirs et l'accroissement des inégalités durant les grandes vacances, entre les élèves qui jouissent d'un milieu familial leur permettant de progresser même en dehors du temps scolaire et ceux pour qui cela n'est pas possible. La lutte contre cette déperdition pourrait, par exemple, passer par des *stages de remise à niveau en fin d'été.* Ces stages pendant les vacances scolaires coûtent 400 euros environ pour un groupe de 5 élèves, pour une semaine. Les remises à niveau pourraient être réalisées sur trois semaines pendant les vacances d'été et proposées à 20 % des élèves de CP et de CE1, soit un coût de 70 millions euros par an.

Le troisième pilier est celui de l'*accompagnement personnalisé*. Or les deux heures hebdomadaires d'accompagnement personnalisé prévues par la réorganisation de 2008 ont peu ou prou disparu depuis. Le mouvement doit s'inverser. La nation doit assurer un socle de 26 heures d'enseignement à tous les élèves, tout au long de leur scolarité. Au-delà des 20 heures consacrées aux apprentissages fondamentaux, et au-delà des autres enseignements, il faut proposer à tous les enfants un accompagnement individualisé, quel que soit le nom qu'on lui donne. Pour cela, il faut *privilégier des groupes de compétences,* avec par exemple des petits groupes pour les élèves qui rencontrent des difficultés et des groupes d'approfondissement pour ceux qui sont en avance. L'étude après la classe doit permettre de s'assurer, par l'exercice et la répétition, que les leçons ont été comprises, que les apprentissages sont acquis mais aussi de combattre les difficultés avant qu'elles ne s'enracinent. Par ailleurs, *les progrès des technologies numériques et de l'intelligence artificielle* permettent le développement d'outils efficaces, progressifs et adaptables à chaque élève pour lutter contre les difficultés et pour développer certains automatismes.

De façon plus générale, les technologies numériques, qui doivent être déployées avec discernement à l'école primaire, permettent, comme vient de le montrer un rapport récent de l'Institut Montaigne :

- « d'individualiser l'enseignement en fonction des progrès comme des difficultés de chaque élève ;
- d'utiliser les données recueillies pour améliorer les performances du système éducatif (détection précoce des difficultés, pilotage fin grâce à l'évaluation continue, etc.) ;

– de favoriser l'autonomie et la créativité des élèves[14] ».

Pour parachever ces trois piliers, il est essentiel de consolider encore l'apprentissage de la langue à l'école élémentaire et d'y transmettre les grandes références culturelles. L'école élémentaire doit encourager et *soutenir toutes les initiatives destinées à faire naître le goût de la lecture et le plaisir du texte*.

Ainsi, l'école pourra favoriser – voire généraliser – sur une base nationale et locale des initiatives comme « Lire et faire lire », association qui invite les retraités à venir lire des histoires aux élèves de maternelle et d'élémentaire ; notamment sur le temps périscolaire, dégagé par les rythmes scolaires. Outre l'intérêt en termes d'immersion linguistique, ces actions favorisent le lien entre les générations et l'inscription de l'école dans son environnement.

Parallèlement, l'Éducation nationale pourrait lancer *une grande opération promouvant la lecture pendant les vacances scolaires*, notamment au moment de la transition entre l'école et le collège. Déjà testée à partir de 2010, sous le nom « Un livre pour l'été », cette opération pourrait prendre la forme d'une systématisation des distributions de prix de fin d'année scolaire. À cette occasion, tous les élèves se verraient remettre des livres issus du patrimoine littéraire, identifiés avec le concours de l'Académie française. Le réseau des bibliothèques publiques et les librairies pourraient être impliqués. Ainsi, tous les enfants de France auraient un choix de lectures estivales et, en début d'année suivante, dans la phase d'entrée au collège, les professeurs travailleront avec leurs élèves sur ces lectures – sur la base d'un guide de lecture remis en même temps que l'ouvrage. Une telle initiative permettra non seulement de valoriser l'effort et le mérite, de transmettre le patrimoine culturel de la nation, de donner le goût de lire, mais aussi de créer du lien social et de maintenir, pendant l'été, un lien avec les apprentissages, pour éviter la traditionnelle déperdition des vacances.

Au moment où il faut aller au plus près du terrain et donner de la force aux acteurs, des initiatives comme celle-ci auront en outre l'avantage de nourrir une force structurante nécessaire au renforcement de l'esprit collectif et du caractère national du système éducatif.

Scénario optimal

Un scénario plus ambitieux pourrait s'appuyer sur les trois piliers fondamentaux et engager également une transformation importante de l'école élémentaire.

Dans ce cadre, la question du statut des écoles peut être abordée, avec comme enjeu central les *missions du directeur d'école*, qui pourrait ainsi devenir – ce n'est pas le cas aujourd'hui – le responsable hiérarchique des professeurs de son école. Même si 40 % des écoles françaises ont entre 3 et 5 classes, à travers cela se joue la capacité du directeur à répartir les services et donc *à affecter les maîtres les plus expérimentés et les plus compétents sur les niveaux cruciaux* que sont le CP, mais aussi la grande section.

Un autre enjeu est celui de l'articulation entre l'école et le collège, avec pour objectif de mieux préparer l'entrée en sixième des élèves. Dans ce cadre, *proposer aux élèves de ne plus avoir un seul maître, mais deux ou trois à partir du cycle 3 (dès le CM1)*, avec par exemple un volet littéraire humaniste, d'une part, et scientifique, d'autre part, permettra de mieux préparer la transition vers le collège. Cette diversification plus précoce et plus progressive du nombre de professeurs est d'ailleurs en vigueur au sein des écoles fondamentales finlandaises, qui embrassent l'équivalent de l'école et du collège en France. La réglementation française actuelle permet de faciliter ces initiatives, notamment dans le cadre de l'article 34 de la loi de 2005 sur l'avenir de l'école. Il faudrait simplement l'encourager, par exemple dans le cadre d'appels à projet.

MESURES CLÉS POUR L'ÉCOLE ÉLÉMENTAIRE

1. Assurer au moins 26 heures de cours effectives à tous les enfants dont 20 heures consacrées aux savoirs fondamentaux.
2. Accompagner les programmes existants d'un cadre pédagogique très précis afin de privilégier les pédagogies qui sont efficaces.
3. Favoriser la production de ressources scolaires en fonction de critères scientifiques et les labelliser pour favoriser la réforme pédagogique.
4. Bâtir un système d'évaluation robuste et transparent avec des systèmes d'indicateurs permettant de mesurer les performances des établissements et les acquis des élèves.
5. Développer les stages de remise à niveau pendant l'été pour les élèves les plus fragiles.
6. Assurer à tous les élèves un accompagnement véritablement personnalisé.
7. S'appuyer sur des outils numériques efficaces, progressifs et adaptables à chaque élève pour lutter contre les difficultés et pour développer certains automatismes.

8. Promouvoir toutes les initiatives en faveur de la lecture, et notamment la transmission des grands textes grâce à un grand programme national de lecture pendant les vacances.
9. Favoriser l'affectation des maîtres les plus expérimentés sur les niveaux cruciaux (grande section et CP).
10. Faciliter les expériences permettant aux élèves d'avoir deux maîtres (sciences et lettres-humanités) à partir du CM1 pour une meilleure transition avec le collège.

Le collège

« Il y a du bonheur dans toute espèce de talent. »

Honoré DE BALZAC, *Le Cabinet des antiques.*

Le collège est généralement considéré comme le maillon faible du système éducatif français. C'est en effet là que se cristallisent et se révèlent une grande part des maux de notre école. Néanmoins, il faut bien être conscient que les problèmes naissent plus en amont – 80 % des décrocheurs étaient déjà en difficulté au CP –, et que la maternelle et l'élémentaire sont les niveaux clés pour résoudre les problèmes qui paraissent parfois insolubles au collège.

Pour autant, le collège a aussi ses problématiques propres – pédagogiques, éducatives, sociales, organisationnelles – qui doivent être traitées comme telles. Le collège est le moment de l'entrée dans l'adolescence, qui est une étape cruciale pour toute société. Les sociétés anciennes proposaient une voie d'initiation, notamment pour les garçons. Mais, dans les sociétés sécularisées comme la nôtre, cette initiation n'ayant plus lieu, elle emprunte d'autres voies, que ce soit par des phénomènes communautaristes ou les bandes, voire les gangs, qui s'opposent au monde adulte. Edgar Morin a très bien identifié cet antagonisme entre la « culture jeune » et la « culture adulte[1] ». Ce phénomène semble inévitable dans les sociétés modernes et postmodernes. Néanmoins, il doit être canalisé par les institutions, à commencer par le système éducatif. Pour cela, il faut proposer aux jeunes un idéal, qui soit un idéal d'épanouissement individuel par la réussite scolaire, mais aussi un idéal d'appartenance collective, que l'on doit trouver au collège plus encore qu'à l'école élémentaire.

L'enjeu est donc la recherche d'un équilibre entre la liberté, qui est la finalité de l'éducation, et la nécessaire contrainte qu'exerce le maître pour accompagner l'élève vers l'âge adulte. Pour le dire avec les mots de Kant : « Un des plus grands problèmes de l'éducation est de concilier sous une contrainte légitime la soumission avec la faculté de se servir de sa liberté. Car la contrainte est nécessaire. Mais comment cultiver la liberté par la contrainte ? Il faut que j'accoutume mon élève à souffrir que sa liberté soit soumise à une contrainte, et qu'en même temps je l'instruise à en faire lui-même un bon usage. Sans cela il n'y aurait en lui que pur mécanisme ; l'homme privé d'éducation ne sait pas se servir de sa liberté[2]. » Si cette analyse est valable bien au-delà du collège, elle vaut tout particulièrement pour l'âge de l'adolescence.

La *dimension civique,* le *respect* et le *service d'autrui* doivent dans le futur prendre une dimension totalement nouvelle au collège, parce qu'il s'agit de former une personne, tout autant que de lui apporter des connaissances. Le collège est donc aujourd'hui un moment charnière pour la cohésion de la société française. C'est là que se construit l'individu et que s'édifient les piliers de la société future, par l'altruisme et le sens de l'appartenance à la République, que le collège doit promouvoir et ancrer en chaque individu.

Ce que nous enseigne l'expérience

En 1975, la loi Haby a instauré le collège unique en France. Cette réforme tenait compte de l'évolution démographique, politique et sociale de notre pays. En effet, pour la cohésion de la société et l'élévation de son niveau de compétence, il était important que tous les adolescents d'une même génération fréquentent les mêmes établissements[3]. Le mouvement de massification de l'enseignement secondaire a été réussi sur ce plan. On comptait au collège 1 500 000 élèves en 1960, contre plus de 3 000 000 aujourd'hui. Le taux d'accès en classe de troisième est passé de 70 % d'une génération en 1985 à 97 % aujourd'hui. Pourtant, ces résultats masquent des déficiences importantes : 28 % des élèves de troisième ont ainsi redoublé au moins une fois. Selon l'enquête PISA, les résultats des enfants de 15 ans en 2012 placent la France au 25e rang en mathématiques, au 21e en lecture, au 26e en sciences sur l'ensemble des quarante-deux territoires participant à l'enquête[4].

Plus grave, *le collège fige les niveaux scolaires des enfants acquis à la fin du primaire*. Il ne permet ni véritable dépassement du niveau atteint au primaire ni comblement des difficultés accumulées. La plupart du temps, on sort du collège comme on y est entré : avec ses points forts et ses lacunes. Aujourd'hui, on retrouve à la sortie du collège les 20 % d'élèves en difficulté dès la fin de l'école élémentaire, ceux-là mêmes qui ne maîtrisent pas les savoirs fondamentaux. En somme, le collège ne parvient pas à remédier aux difficultés apparues dès l'école primaire. Au contraire, il tend à enraciner, voire à accroître les inégalités scolaires d'origine sociale. Par ailleurs, depuis une trentaine d'années, on assiste à l'uniformisation et la standardisation de la pédagogie au collège. La conséquence est que le collège a du mal à faire face à l'hétérogénéité des niveaux entre les élèves, à pallier leurs lacunes et leurs difficultés au sortir de l'enfance et à répondre à leurs goûts ainsi qu'à leurs aspirations qui alors s'affirment.

Plus de 1 élève sur 3 est préparé à un parcours qu'il ne suivra pas, puisque, à l'issue du collège, 58,4 % des élèves poursuivent leurs études dans un lycée général et technologique dont la finalité est l'enseignement supérieur, 35,9 % poursuivent dans la voie professionnelle (lycée ou apprentissage) et 4,3 % redoublent.

La massification du collège a par ailleurs mis fortement au jour une frange relativement stable de la population scolaire : celle qui ne maîtrise toujours pas parfaitement, à l'issue de la scolarité obligatoire, la lecture, l'orthographe et les fondements des mathématiques. La prise de conscience récente de la nécessité de trouver une issue à la situation des quelque cent dix mille jeunes qui quittent chaque année le système éducatif sans qualification réclame une plus grande attention portée à chacun des élèves. Le décrochage scolaire avéré, qu'il convient de traiter par des réponses adaptées, trouve sa source dans l'incapacité du collège de pallier des lacunes scolaires accumulées. Au fond, depuis quarante ans, l'Éducation nationale a oscillé entre trois tendances face aux difficultés suscitées par le collège unique :

- La différenciation au sein du collège, avec la création des classes européennes, des classes bilangues, des classes à horaires aménagés musique ou danse, etc., d'une part, et les SEGPA, prépa-pro, quatrième et troisième technologiques, etc., d'autre part.
- L'individualisation : dès 1977, soit deux ans seulement après l'instauration du collège unique, un premier dispositif

de soutien et d'approfondissement a été introduit. En 2011, un dispositif d'accompagnement personnalisé a été mis en place en sixième, étendu à toutes les classes avec la réforme du collège entrée en vigueur à la rentrée 2016.

• L'interdisciplinarité, par le biais des enseignements complémentaires de 1977 jusqu'aux enseignements pratiques interdisciplinaires de 2016, en passant par les travaux croisés, les itinéraires de découverte, etc.

La dernière réforme illustre la dérive d'une conception du collège unique vers l'uniformisation par l'égalitarisme. Cet égalitarisme joue en vérité contre la véritable égalité. Il conduit à supprimer les éléments de différenciation qui peuvent tirer l'ensemble des élèves vers le haut, combattant ainsi l'excellence et le mérite. Cette approche a pour résultat de supprimer les choix d'excellence que sont les langues anciennes, les classes bilangues et qu'aurait pu être la prépa-pro. Le résultat est un collège toujours plus uniformisé, qui ne se donne pas les moyens de surmonter ses difficultés. Dans ce contexte, les mesures pour favoriser l'interdisciplinarité sont intéressantes mais leur effet ne peut être que superficiel et ne profite qu'aux élèves déjà solides, en raison de leur maîtrise des savoirs fondamentaux. Et, dans la réalité, des mécanismes qui tiraient les établissements vers le haut dans des territoires défavorisés ont été supprimés. L'égalitarisme joue contre l'égalité.

Il faut donc définir les objectifs du nouveau collège. En effet, il aura fallu trente ans après la réforme Haby pour que la loi d'orientation et de programme pour l'avenir de l'école institue, en 2005, un socle commun de connaissances et de compétences qui fixe les objectifs à atteindre au terme de la scolarité obligatoire. *Il faut désormais passer du collège unique au collège commun*. Un collège qui garantit à tous les enfants un socle commun et la possibilité de suivre le chemin correspondant à leurs aptitudes et à leurs goûts propres.

Ce que nous enseigne la comparaison internationale

L'enquête PISA, réalisée par l'OCDE, évalue les compétences en lecture, en mathématiques et en sciences des élèves âgés de 15 ans. Les résultats de cette enquête, menée tous les trois ans, permettent de dégager deux grands modèles de performance :

• Un modèle asiatique, d'abord. En effet, Shanghai, Singapour et Hong Kong monopolisent les premières places du classement de 2012 dans les trois catégories d'apprentissage, devançant le Japon ou la Corée du Sud.

Leur modèle met l'accent sur la transmission des savoirs fondamentaux, la rigueur, la répétition et l'effort. Dans ces sociétés, où les valeurs de transmission et de respect des anciens sont très importantes, les familles et la société tout entière font corps autour de leur école et font de la réussite des enfants une valeur cardinale, avec tous les risques que peut comporter la pression importante qui s'exerce sur les enfants.

• Un modèle nord-européen, ensuite, incarné en particulier par la Finlande, où l'accent est davantage mis sur l'épanouissement, la confiance, la coopération, le consensus scolaire, la cohésion sociale mais aussi sur l'autonomie des établissements.

Si le modèle finlandais semble aujourd'hui s'émousser, perdant quelques places entre 2009 et 2012, il n'en demeure pas moins, à ce jour, le système éducatif européen le plus performant, du moins pour les mathématiques et les sciences.

Comparaison des résultats du PISA en termes d'égalité du système éducatif entre 2003 et 2012[5].

	France		Allemagne		OCDE	
	2003	2012	2003	2012	2003	2012
Corrélation entre le milieu socio-économique et la performance aux résultats du PISA.	19,6 %	22,5 %	22,8 %	16,9 %	16,8 %	14,6 %
Élèves issus de milieux socio-économiques difficiles atteignant un score parmi les 25 % meilleurs.	7,4 %	4,9 %	5,6 %	7 %	6,4 %	6,1 %
Différence de score entre un élève issu de l'immigration et un élève autochtone.	54	67	81	54	47	37

Le système éducatif finlandais a fait le choix d'un cursus unique de 7 à 16 ans (« école fondamentale »), qui porte une attention marquée au développement de l'enfant et privilégie le travail en groupes.

Trois caractéristiques méritent d'être signalées. La continuité de la scolarité de 7 à 16 ans permet d'éviter la rupture de l'entrée au collège que connaissent les élèves français. Les transitions sont beaucoup plus douces avec, par exemple, un passage progressif d'un enseignement dispensé par un seul professeur dans les petites classes à un schéma avec un enseignant par matière dans les grandes classes. Dans un système marqué par l'autonomie, les écoles fondamentales jouissent d'une large liberté pour adapter les programmes et proposer des projets ; 25 % de la dotation horaire est ainsi à la discrétion des chefs d'établissement pour mettre en œuvre un projet spécifique. Enfin, l'école fondamentale est caractérisée par l'importance du fonctionnement en équipe autour du chef d'établissement afin de prendre en charge l'ensemble des problématiques et des projets de l'établissement.

L'*Allemagne* constitue un modèle très différent, qui assume l'hétérogénéité des parcours et des formations, adaptés à la diversité des élèves et aux besoins de son économie. Dès la fin du primaire, les écoliers se voient en effet proposer deux à trois voies selon les Länder :

– le *Gymnasium*, formation générale en huit ans qui conduit au baccalauréat (*Abitur*) et à l'enseignement supérieur ;
– la *Hauptschule,* qui correspond à l'école primaire supérieure d'antan et conduit les élèves à l'apprentissage ;
– la *Realschule*, qui offre un enseignement général plus approfondi en six années.

Environ 60 % des jeunes choisissent ces deux derniers types d'établissements, qui conduisent à l'apprentissage et aux lycées techniques. En Bavière mais aussi dans le Bade-Wurtemberg, l'école primaire décide de l'orientation. En cas de contestation des parents, l'école propose de faire passer un test à l'élève, ou de le soumettre à une période d'essai dans un *Gymnasium* qui finit par trancher. En Basse-Saxe et en Hesse, les parents ont le dernier mot.

D'une manière générale, cette orientation est plébiscitée car ces filières forment des jeunes qualifiés de bon niveau avec des taux importants d'insertion professionnelle. Là où le taux de chômage des jeunes est de 24,8 % en France, il est de 7,80 % en Allemagne.

Privilégiant un système éducatif largement décentralisé, l'Allemagne a vigoureusement réagi aux résultats très insatisfaisants de PISA des années 2000 par une coordination renforcée entre les Länder et la mise en place de standards nationaux.

Ainsi, la Kultusministerkonferenz, réunion des ministres de l'Éducation des Länder, prend aujourd'hui les décisions sur les programmes scolaires et sur les épreuves des examens. Parmi les mesures mises en place dans la foulée de ce « choc PISA », on peut notamment relever :

– le changement des missions des professeurs qui assurent maintenant du soutien ;
– une réorganisation des établissements avec la création des *Gesamtschule* qui offrent des passerelles renforcées entre les *Realschule* et les *Hauptschule* ;
– un temps scolaire étendu à l'après-midi dans certains établissements secondaires ;
– une réforme des examens. Le baccalauréat comporte désormais un élément commun aux différents Länder et est reconnu dans toute l'Allemagne ;
– une réflexion sur les programmes ;
– la mise en place d'évaluations nationales, qui sont rendues publiques et qui ont permis aux écoles de mieux orienter leur action pédagogique.

Des difficultés locales persistent, par exemple à Brême ou Hambourg, alors que la Saxe ou la Thuringe ont su progresser très rapidement dans les évaluations nationales.

Ce que nous enseigne la science

Nous l'avons évoqué dans le chapitre précédent, l'articulation entre l'école élémentaire et le collège est un enjeu important. La multiplication des interlocuteurs – professeurs et membres de la communauté éducative – et l'autonomie accrue de l'élève contribuent à distendre les liens entre l'établissement scolaire et les parents. Cette distance pourrait nourrir des problèmes de discipline et d'absentéisme, souvent prédictifs de moins bons résultats scolaires, voire de décrochage.

L'expérience de la « Mallette des parents » a été mise en place à la rentrée 2008, dans une quarantaine de collèges de l'académie de Créteil, principalement situés en zone d'éducation prioritaire. Il s'agit un dispositif léger : trois réunions débats rassemblant des parents d'élèves de sixième et l'équipe éducative du collège. L'objectif de ces réunions est d'apporter aux parents des clés afin de mieux accompagner leur enfant dans cette année de transition mais aussi de mieux comprendre le fonctionnement du collège. Une évaluation randomisée a été effectuée afin de mesurer les différents objectifs : implication des parents auprès de leur enfant à la maison et auprès du collège (connaissance et perception) et conséquence de cette implication sur le comportement et les résultats scolaires de leur enfant[6]. Les parents s'étant impliqués dans le dispositif ont davantage rencontré les enseignants et participé aux activités organisées par les associations de parents d'élèves.

Cette implication a permis une amélioration notable dans l'attitude générale de leurs enfants : moins de convocations par l'administration, moins d'absentéisme, moins d'exclusions temporaires, moins d'avertissements en conseil de classe et davantage de distinctions lors du conseil de classe (félicitations, encouragements…). Ces effets très importants sur les enfants dont les parents ont pris part au dispositif la « Mallette des parents » permettent de compenser les écarts entre les familles de cadres (20 % d'élèves les plus favorisées de l'échantillon) et les autres familles.

Se fondant sur le même principe que la « Mallette des parents », la « Mallette des parents orientation troisième » a pour ambition de s'appuyer sur le dialogue avec les familles pour prévenir plus efficacement le décrochage[7]. Ce dispositif a été testé en 2010, dans trente-sept collèges de l'académie de Versailles – souvent en zone d'éducation prioritaire –, auprès de familles d'élèves de troisième ayant 9 de moyenne générale.

Quelques rappels statistiques permettent une remise en contexte de cette expérimentation :

- 67,3 % de ces élèves demandent un passage en seconde générale et technologique ou professionnelle ;
- 77,5 % des parents de ces élèves pensent que leur enfant obtiendra le baccalauréat (toutes séries confondues) ; or les chiffres montrent que parmi les élèves qui ont entre 10 et 12 de moyenne générale en classe de troisième, seuls 30 % réussiront à obtenir un baccalauréat ; ce pourcentage chute à 8,2 % pour les élèves qui ont une moyenne inférieure à 10 en troisième.

L'expérience consiste à effectuer deux réunions, entre janvier et mars, réunissant les parents d'élèves de troisième ayant 9 de moyenne générale autour du chef établissement. Deux profils se distinguent alors :

- des jeunes qui n'envisagent ni le CAP ni l'apprentissage, mais qui visent le baccalauréat, redoublent puis décrochent.
- ceux qui optent directement pour une filière courte et qui sont sensiblement moins nombreux à décrocher.

Ce dispositif accroît le taux de participation des parents aux réunions d'orientation de leur enfant de 25 %. Ces réunions permettent généralement aux familles d'envisager avec davantage de clairvoyance le parcours scolaire de leur enfant : l'abandon des demandes d'orientation vers des filières menant à un baccalauréat et le choix d'opter davantage pour des filières courtes réduisent d'un tiers le taux de décrochage mais aussi celui des redoublements.

Ainsi, les recherches montrent à quel point les facteurs extrascolaires sont au moins aussi importants que les facteurs scolaires pour expliquer la réussite, l'assiduité, la motivation et donc pour lutter contre le déterminisme social. De ce point de vue, la question de l'internat est décisive puisqu'elle est le cas extrême d'une tentative de maîtrise de ces facteurs extrascolaires. Le *modèle de l'internat* permet-il d'améliorer sensiblement les résultats scolaires d'élèves issus de milieux défavorisés ? L'environnement d'apprentissage influençant fortement la réussite scolaire, le présupposé des internats d'excellence, lancés à partir de 2009, était qu'un meilleur encadrement, un contrôle plus étroit, du tutorat, des cours de soutien ainsi qu'un environnement d'enseignement porteur ont un impact positif sur la trajectoire scolaire.

L'internat de Sourdun (Seine-et-Marne) a été le premier établissement de ce programme. Le programme est ouvert aux élèves, de 11 à 16 ans, qui présentent des résultats scolaires moyens – au regard de la moyenne nationale – mais de bons résultats pour leur établissement. Pour mesurer l'impact du dispositif, le ministère de l'Éducation nationale a fait réaliser une évaluation randomisée. Quatre chercheurs de la Paris School of Economics ont donc suivi, durant trois ans, les 258 élèves admis à Sourdun (groupe test) ainsi que 137 élèves qui y avaient postulé, mais n'ont pu s'inscrire, et ont été finalement scolarisés dans des établissements publics « classiques » (groupe témoin)[8].

L'« effet-internat » se lit dans le temps consacré aux activités scolaires : chaque jour, les élèves de Sourdun consacrent 0,8 heure supplémentaire à leurs devoirs et passent 0,9 heure de moins à regarder la télévision. Les premiers résultats patents n'apparaissent qu'au bout de deux années : de bien meilleurs résultats en mathématiques – augmentation de 40 % d'un écart type –, mais aussi une assiduité supérieure. L'expérimentation de Sourdun a également permis de mesurer un effet sur la confiance des internes : les collégiens y sont ainsi près de trois fois plus nombreux à vouloir s'inscrire en classe préparatoire et un quart de plus à vouloir obtenir un master. En 2016, 100 % des élèves de classe de terminale de l'internat d'excellence de Sourdun ont obtenu leur baccalauréat et l'une des élèves a même été primée au concours général en sciences économiques et sociales. Pour ceux des autres internats d'excellence qui n'ont pas été supprimés, par exemple à Douai, à Noyon ou à Montceau-les-Mines, des réussites de premier ordre sont aussi enregistrés.

Ce qu'il faut faire

Si la création du collège unique était une nécessité et a constitué un progrès incontestable, cette évolution aurait dû s'accompagner d'une meilleure définition des objectifs assignés au collège : est-il la suite de l'école ou la préparation du lycée ?

Aujourd'hui, il nous faut assumer qu'il est la suite de l'école. Il s'inscrit pleinement dans la logique du socle commun de connaissances, de compétences et de culture. Le collège doit former un tout avec ce qui a été entrepris à l'école primaire, afin de clore cette première période de la vie qui va de la naissance à l'âge de 16 ans et qui est celle de la formation de l'enfant et de l'adolescent à l'entrée dans l'âge adulte. La maîtrise de la langue reste au collège la priorité. Consolider la connaissance du vocabulaire et de la grammaire, et s'adonner à une réelle fréquentation du patrimoine littéraire sont des démarches décisives[9].

Il n'en demeure pas moins que, quarante ans après la création du collège unique, la France est confrontée à un double défi : comment, à l'adolescence, *réussir à la fois l'ancrage et la pleine maîtrise des fondamentaux*, dans le prolongement de l'école, d'une part, et *la valorisation des diverses formes d'intelligence ainsi que l'expression et l'approfondissement des talents*, d'autre part. C'est précisément de la réponse à ce double défi que naît l'idée d'un collège renouvelé.

Scénario fondamental

Au vu des constats précédents, il est clair que la césure entre le CM2 et la classe de sixième constitue une rupture majeure. C'est d'ailleurs cette difficulté que les Finlandais dépassent en confrontant progressivement les élèves à une pluralité de professeurs. Il faut absolument éviter de plonger brutalement l'élève dans le grand bain, et plutôt le faire passer progressivement du petit au grand bain. Pour cela, il faut créer davantage de ponts entre l'école et le collège, tout en assumant la césure, qui persiste nécessairement. L'institution récente d'un cycle 3, du CM1 à la sixième, constitue une étape intéressante.

Ainsi, il serait souhaitable d'instaurer, *à l'entrée en sixième, durant le mois de septembre, une période d'intégration* avec, par exemple, des sorties et un travail autour des lectures effectuées pendant l'été dans le cadre de la grande opération nationale évoquée précédemment. Ce moment serait également l'occasion d'une explicitation, vis-à-vis de l'enfant et de sa famille, des grands enjeux du collège et de ce qui va l'attendre non seulement pendant l'année à venir mais aussi tout au long des quatre ans qui suivent.

Ce serait l'occasion d'expliquer aux collégiens et aux familles le projet spécifique du collège, et les résultats obtenus sur plusieurs années grâce aux stratégies éducatives adoptées. Ainsi, on aiderait les enfants à se projeter dans le futur et à répondre à des questions essentielles : Pourquoi suis-je là ? Que va-t-il se passer ? En quoi cette maison est-elle au service de mon futur et de celui de mes camarades ?

Dans le même esprit, il faut évidemment *renforcer les mécanismes déjà existants afin de contribuer aux liens entre le CM2 et la sixième*, avec notamment l'échange de pratiques entre les professeurs du premier et du second degré.

Par ailleurs, une évolution de l'organisation territoriale du système éducatif devrait précisément chercher à améliorer cette coordination, qui est dans la logique du socle commun de connaissances et de compétences[10]. Cela passe par une *adhésion des parents aux objectifs et au projet du collège*. Il faut donc élaborer une définition à la fois claire, précise et partagée de ce qui est attendu des élèves tout au long de leur parcours au collège, notamment au travers du socle de connaissances, de compétences et de culture, ainsi que des modalités d'évaluation auxquelles ils seront soumis. L'extension du dispositif de la « Mallette des parents » à tous les niveaux du collège peut être un levier puissant pour atteindre cet objectif.

Dans les établissements confrontés aux difficultés les plus vives, il pourrait d'ailleurs s'avérer utile d'aménager un lieu dédié aux rencontres entre les professeurs et les familles.

Le collège doit également offrir aux élèves un meilleur encadrement. De fait, aujourd'hui, les parents rencontrent de plus en plus de difficultés à suivre le travail de leurs enfants en raison de leurs propres contraintes professionnelles ou parce qu'ils sont parfois trop éloignés des enjeux de l'école. Il faut donc poser un principe simple : *tous les élèves doivent pouvoir rentrer chez eux les devoirs faits grâce à deux heures d'étude dirigée obligatoires tous les jours.* Créé en 2008, l'accompagnement éducatif après la classe allait dans ce sens. Supprimé à la rentrée 2015, il n'existe plus aujourd'hui que pour l'éducation prioritaire. Il faudrait le rétablir, l'étendre et le généraliser. Les études dirigées quotidiennes (réalisées par des assistants pédagogiques) pour les 107 000 classes des collèges publics coûteraient 360 millions d'euros par an.

Par ailleurs, la discipline doit être pleinement assurée. On doit éviter tout laxisme en la matière. Les conseils de discipline doivent avoir lieu chaque fois que cela est justifié, faute de quoi on développe un sentiment d'impunité qui est parfois un chemin ouvert vers la délinquance. La force doit rester au droit dans tous les établissements par une parole adulte claire et collective et par des dispositifs concrets comme les équipes mobiles de sécurité qui avaient été expérimentées avec réussite dans l'académie de Créteil.

Affirmer la diversité des formes d'intelligence et repenser l'organisation du collège pour permettre l'expression des talents spécifiques de chaque élève conduisent également à repenser la question de l'orientation. Trop longtemps les professeurs ont été dépossédés de la politique d'orientation, sous-traitée à des personnels qui ne connaissent pas toujours suffisamment les élèves. *Le professeur doit au contraire être au cœur des mécanismes d'orientation.* En effet, le professeur est le mieux à même d'engager avec l'élève et ses parents une réflexion approfondie sur ses aspirations, ses possibilités et la mise au point d'un projet de formation. Évidemment, cela suppose d'accompagner les professeurs et de les aider à avoir une vue globale des possibilités innombrables proposées par notre système éducatif, mais également de leur fournir de façon transparente des données sur les taux d'emploi et d'insertion par filière. Cette logique d'« open data » pourrait s'accompagner de MOOC conçus avec et par les professeurs en s'appuyant sur des professionnels invités à intervenir dans l'établissement pour présenter filières et métiers. Une ou deux heures pourraient y être consacrées chaque semaine en quatrième et en troisième.

En parallèle, des collaborations entre les collèges et certains établissements professionnels de leur territoire sont indispensables pour organiser des stages, des échanges et apprivoiser, pas à pas, ce qui apparaît trop souvent aujourd'hui comme une rupture angoissante. Sur cette question notamment, les outils numériques permettent de confronter plus systématiquement les goûts des élèves aux possibilités qui s'offrent à eux.

Enfin, même si *la carte scolaire n'est pas le levier premier de la réussite au collège*, on peut envisager son évolution dans le sens d'un *élargissement du périmètre de choix*. Ce serait l'occasion de favoriser, à l'intérieur de ce périmètre, la coopération et l'émulation entre établissements. Ce fonctionnement en réseau peut s'avérer très efficace pour le remplacement d'un enseignant absent ou l'organisation des options. Ainsi, on promeut aussi la solidarité entre les établissements par des transferts de bonnes pratiques, par des mutualisations, etc. Il faut également assumer le choix de fermer des collèges là où les résultats sont vraiment trop faibles afin d'opérer des rapprochements plus propices à la réussite des élèves.

Scénario optimal

Il est préférable de parler d'un collège commun plutôt que d'un collège unique, car ce collège commun doit pouvoir accueillir tous les enfants d'une génération, mais aussi proposer des parcours personnalisés, qui permettent à la personnalité de chacun de s'affirmer pleinement[11]. Ce collège de l'avenir doit être celui des intelligences multiples, qui ne valorise pas qu'un seul type de compétences mais qui montre que chacun a des talents et que l'excellence doit être le but de chacun, dans les domaines où il manifeste ses prédilections.

Ce collège commun combine donc un socle commun repensé, avec deux dimensions : un socle fondamental – français et mathématiques – et un second ensemble plus large, défini par le socle commun de connaissances, de compétences et de culture ; des parcours personnalisés grâce à une plus grande maîtrise, par l'établissement, de son projet éducatif et grâce à un usage plus libre des horaires[12].

L'essentiel est alors d'assurer *un équilibre entre les savoirs fondamentaux* – français et mathématiques – qui doivent être renforcés et les activités destinées à favoriser, en amont du lycée, l'expression et l'approfondissement des *talents spécifiques de chaque élève*. L'intelligence de la main doit être valorisée, de même que le développement de la sensibilité artistique. De ce point de vue, toutes les expériences du type « cours le matin, sport l'après-midi » ou les classes à horaires aménagés, musique ou danse, comme les classes de découverte professionnelle par exemple, constituent des dispositifs intéressants car elles permettent précisément de valoriser les talents et les goûts des élèves, tout en les faisant bénéficier d'apprentissages communs à tous.

Finalement, la grande révolution est donc de donner aux établissements l'*autonomie en matière d'affectation des horaires.* Ainsi, un volume horaire minimal pourrait être fixé pour le français et les mathématiques (au moins 10 heures par semaine tout au long du collège), en laissant aux établissements la liberté de définir, sous la direction du chef d'établissement et au terme d'une réflexion collective, des parcours de réussite ainsi que les objectifs leur étant associés – ancrés dans le projet de l'établissement, qui indique les priorités pédagogiques de l'établissement, l'utilisation de la partie modulable des horaires, les plans d'action pour répondre aux difficultés des élèves et nourrir leur parcours par des enseignements académiques exigeants.

Ces parcours de réussite peuvent s'appuyer sur les besoins spécifiques des élèves, mais aussi sur des atouts que l'établissement souhaite valoriser. On peut ainsi imaginer des parcours de spécialisation avec une dominante arts, sports, sciences, humanités, préprofessionnalisation, langues, technologies, etc.

Dans ce cadre repensé, *l'établissement dispose du choix de ses moyens, mais les fins sont fixées à l'échelon national.* Elles peuvent d'ailleurs être définies en peu de mots : un niveau fondamental, lié au socle commun, valable pour tous les élèves, et la réussite de chacun au sein de son parcours de prédilection. Les parcours de réussite doivent prioritairement être adaptés aux 20 % des élèves en difficulté, à travers des méthodes pertinentes faisant notamment appel au numérique, par exemple avec du tutorat en ligne, afin de prévenir le décrochage scolaire.

Ce collège commun repose sur le principe que tous les élèves ne sont pas identiques. Au-delà des parcours évoqués, c'est l'occasion de mettre en place des *groupes de compétences en français et mathématiques*, comme cela se pratique déjà en langues[13]. En effet, de trop grands écarts de niveau entre élèves rendent difficile le travail des professeurs et, par ailleurs, la mise en place de groupes de compétences permettrait aux élèves, pendant un temps donné, d'un mois à une année, de s'attacher à leurs points faibles ou, à l'inverse, d'avancer plus vite dans les matières où ils se sentent à l'aise.

Plus personnalisé et plus flexible dans la gestion des horaires, ce collège commun serait donc capable de mieux diagnostiquer les lacunes des élèves et surtout d'y apporter les réponses adaptées, en recourant le moins possible au redoublement. Mettre en œuvre cette vision suppose de repenser l'organisation du collège. Il s'agit en particulier de faire du *chef d'établissement un véritable responsable, à la tête d'une équipe rapprochée, composée de cinq à dix personnes,* selon la taille de l'établissement. Celle-ci comprend les professeurs en charge de champs disciplinaires correspondant aux grands domaines du socle – lettres et sciences humaines, mathématiques et sciences –, le conseiller principal d'éducation pour les enjeux éducatifs, l'infirmière et l'assistante sociale. Cette équipe comprend également le professeur documentaliste[14]. Ce petit groupe, réuni de manière hebdomadaire, disposera d'une vision complète des champs éducatifs, pédagogiques et de santé, y compris la dimension sociale, en lien direct avec les politiques sociales – urbaines ou rurales – de son environnement.

Cette approche, qui valorise l'esprit d'équipe et la responsabilité, favorisera le développement des parcours singuliers évoqués précédemment. Ce nouveau collège s'accompagne d'une *transformation profonde du concept d'inspection*. Il faut faire évoluer le système des inspections individuelles des professeurs, qui interviennent en moyenne une fois tous les sept ans ! À intervalles réguliers, un groupe d'inspection, composé d'inspecteurs pédagogiques, mais aussi administratifs, réaliserait un audit complet de l'établissement, examinerait les objectifs poursuivis et les résultats atteints. Il formulerait des recommandations, établirait des préconisations à destination du rectorat sur les moyens quantitatifs et qualitatifs nécessaires pour atteindre les objectifs et accompagnerait l'établissement dans leur mise en œuvre.

Avec ce collège commun repensé, qui met l'accent sur le collectif, l'enjeu est d'en finir avec l'individualisme, mal français, pour privilégier l'intelligence collective, les intelligences multiples, la confiance et la coopération. Il s'agit ainsi, pour reprendre la formule de Montaigne, lorsqu'il évoque la vertu pédagogique des voyages, d'inviter chaque élève à « frotter et limer sa cervelle contre celle d'autrui[15] ». C'est également une manière d'enseigner aux adolescents l'esprit d'équipe, à l'opposé du nombrilisme et du narcissisme.

Enfin, dans cet esprit, il faut également souligner que les enjeux de respect de la laïcité et des règles de la vie commune sont très importants au collège, mais plus largement dans l'ensemble du système éducatif. Rappelons que la laïcité est justement au service de la vie commune. Elle n'est pas conçue contre la religion mais pour la distinction entre la vie publique et la vie privée, dont les élèves font justement l'apprentissage, à l'école, au collège et au lycée. C'est précisément là qu'ils apprennent que les croyances intimes et l'adhésion à des valeurs religieuses sont respectées, respectables, importantes, mais ne sauraient s'imposer à autrui dans la vie collective. À partir de là des principes clairs peuvent être aisément posés. C'est ce qu'a fait la loi de 2004 en prohibant le voile à l'école. C'est ce qu'avaient fait les pères de l'école républicaine en élaborant des principes nets en la matière. C'est ce qu'il conviendra de faire en respectant les grands principes du service public au premier rang desquels la neutralité.

Le collège ainsi organisé peut offrir par ailleurs l'exemple d'un bon fonctionnement adulte pour les jeunes. Car, en matière d'éducation, l'approche la plus efficace est celle de l'exemple. Si les adultes travaillant dans un établissement, en lien avec les parents d'élèves, interagissent de façon harmonieuse au service de l'intérêt général, c'est une leçon de vie et de civisme au profit des enfants et des adolescents.

MESURES CLÉS POUR LE COLLÈGE

1. Assumer que le collège est la suite de l'école avec laquelle il constitue un tout. Instaurer une période d'intégration d'un mois à l'entrée en classe de sixième pour faire comprendre aux élèves et à leurs parents les enjeux de la scolarité au collège.
2. Étendre le dispositif de la « Mallette des parents » à tous les niveaux du collège pour que les familles comprennent, partagent et relaient les objectifs de l'établissement et ses attentes vis-à-vis des élèves.
3. Introduire deux heures d'étude dirigée obligatoires tous les jours après la classe.
4. Faire évoluer la carte scolaire pour élargir le périmètre de choix offert à chaque élève.
5. Fermer les collèges dont les résultats sont trop faibles.
6. Définir un collège commun combinant un socle commun redessiné (avec un socle fondamental en français et en mathématiques ainsi qu'un ensemble plus large) et des parcours personnalisés permettant l'expression des intelligences multiples et l'approfondissement des talents.

7. Donner aux établissements l'autonomie en matière d'usage des volumes horaires, sur la base d'un projet partagé par toute la communauté éducative.
8. Placer le professeur au cœur des processus d'orientation.
9. Assurer un volume horaire minimal en français et en mathématiques (au moins 10 heures par semaine tout au long du collège).
10. Laisser aux établissements la liberté de définir, dans une approche collective et sous la direction du chef d'établissement, des parcours de réussite ainsi que les objectifs associés.
11. Soutenir les établissements dans l'élaboration d'une stratégie digitale permettant de faire évoluer l'organisation du temps de l'élève et les pratiques pédagogiques.
12. Mettre en place des groupes de compétences en français et mathématiques, comme cela se pratique déjà en langues.
13. Positionner le chef d'établissement en véritable responsable, à la tête d'une équipe rapprochée, composée de cinq à dix personnes, travaillant ensemble sur les problématiques de l'établissement.
14. Transformer le concept d'inspection pour aller vers un travail d'audit de l'établissement mené par un groupe d'inspecteurs pédagogiques et d'administratifs formulant des recommandations sur les moyens à déployer afin d'atteindre les résultats définis et aidant l'équipe à les mettre en œuvre dans la durée.

Le lycée

« Mûrir, c'est trouver sa place dans le monde. »

Emmanuel Mounier,
Traité du caractère.

Dans la nouvelle structuration du système français, il faut consacrer toujours davantage la logique du socle commun de connaissances, de compétences et de culture, qui conduit à distinguer la période qui va de la maternelle jusqu'au collège (période de la scolarité obligatoire), d'une part, et la période bac - 3/bac + 3, d'autre part. On l'a vu précédemment, le collège doit être conçu comme la suite de l'école primaire. Le deuxième temps de la vie scolaire, le lycée, est, pour sa part, un moment clé. Cela suppose de prendre le lycéen au sérieux, de le considérer comme une personne autonome, qui s'apprête à entrer dans la vie adulte et qui doit être préparé à cela. Dans le prolongement du collège, cela suppose de prendre en compte la diversité des difficultés et des excellences et donc de privilégier la diversité des parcours, certains menant en trois ans à une vie professionnelle, d'autres à des études supérieures courtes et d'autres enfin à des parcours plus longs dans l'enseignement supérieur.

La conception de ces différents parcours doit s'inscrire dans une perspective de formation qui s'étalerait sur l'ensemble de l'existence. Il y a là un mouvement de fond, qui répond aux mutations économiques, technologiques et sociétales contemporaines auxquelles chacun peut se préparer en acquérant des méthodes, une agilité intellectuelle et une capacité à s'adapter et à se projeter dans le futur. L'enjeu du lycée est donc de fournir aux jeunes Français des compétences clés pour les cinquante prochaines années de leur vie et au-delà.

Ce que nous enseigne l'expérience

Créé par Napoléon en 1808, le lycée a rempli sa mission à plus d'un titre. D'abord, il a su amener les meilleurs élèves à de belles réussites et préparer plus largement les jeunes Français à exprimer leur potentiel dans l'enseignement supérieur. Toutefois, cela n'est vrai aujourd'hui que pour une partie des lycéens. De plus, le lycée français est aussi le théâtre d'échecs et d'importants phénomènes d'exclusion et de décrochage, souvent produits par l'indifférenciation.

Si la période de la scolarité obligatoire est sans conteste celle où l'acquisition des savoirs fondamentaux doit être la priorité absolue, le temps du lycée doit permettre l'expression des talents spécifiques et préparer aux grandes mutations de la société, de l'économie et de la technologie. De ce point de vue, la redéfinition, à partir de 2011, de la série « sciences et technologies de l'industrie et du développement durable » (STI2D) témoigne de la volonté de l'enseignement secondaire de préparer aux défis de l'avenir, en prenant notamment en compte la révolution digitale.

Aujourd'hui le lycée français scolarise 2,2 millions d'élèves, dont un tiers dans la voie professionnelle. À la session 2016 du baccalauréat, 52 % des candidats ont passé le baccalauréat général, 28 % le baccalauréat professionnel et 20 % le baccalauréat technologique. Le poids des déterminismes sociaux se lit dans l'origine sociale des élèves du second degré : les filières générales comptent deux fois plus d'élèves issus de familles socialement favorisées (professions libérales, cadres, enseignants) que les filières technologiques (35,9 % et 17,7 % respectivement), et quatre fois plus que les filières professionnelles (8,1 %)[1]. Les difficultés que peuvent rencontrer les lycéens dans les premières années de l'enseignement supérieur se traduisent par un taux d'échec important. Seuls 34,7 % des bacheliers généraux obtiennent leur licence en trois ans, ce chiffre n'est que de 6,9 % pour les bacheliers technologiques et de 3,7 % pour les bacheliers professionnels[2]. Le trop grand nombre de sorties sans diplôme montre que les enjeux pour le lycée sont d'importance.

La mission du lycée est donc d'arriver, en trois années à anticiper collectivement les enjeux de l'avenir et de permettre à chaque lycéen d'exprimer la diversité de ses talents et ainsi de le préparer, le plus efficacement possible, *à l'enseignement supérieur ou à une insertion professionnelle rapide*.

Le lycée général consolide la culture générale et prépare une première spécialisation qui se confirmera dans l'enseignement supérieur. La mission du lycée technologique est de former de futurs techniciens supérieurs, ce qui correspond justement à un grand besoin de la société contemporaine. Mais cette mission a besoin d'être redéfinie en tenant compte de l'évolution des métiers.

Le lycée professionnel épouse ces mêmes principes et contribue de la même façon à ces objectifs. En étant au plus près des enjeux économiques territoriaux et des stratégies d'avenir, il dispense des compétences permettant en principe une insertion professionnelle immédiate, tout en préparant les jeunes à l'adaptabilité et à l'autoformation, soit à court terme au travers de la poursuite d'études, soit dans le cadre de la formation continue.

Ce que nous enseigne la comparaison internationale

Au moment de tourner le regard vers les horizons internationaux, il faut s'arrêter sur la situation des lycées français à l'étranger. Dans le monde entier, ces établissements sont très attractifs et scolarisent non seulement des élèves français, mais également des lycéens des pays où ils sont établis ainsi que des élèves de nationalité tierce dont les parents savent qu'ils y trouveront un enseignement d'excellente qualité. Il existe aujourd'hui près de 500 établissements français dans le monde, homologués par le ministère de l'Éducation nationale, dont près de la moitié (236) proposent des classes de lycée. En 2015, 14 699 élèves ont obtenu leur baccalauréat – sur un total de 15 264 candidats –, soit un taux de réussite dépassant les 96 %, dont plus de deux tiers avec mention. Les résultats, la capacité d'adaptation et l'attractivité de ces établissements doivent nous inciter à nous intéresser plus précisément à nos points forts pour favoriser, en particulier la cohérence de nos programmes et une pédagogie bien articulée.

Il est intéressant également d'observer ce qui a cours dans des pays où la pédagogie est différente, comme les États-Unis ou le Canada, avec les avantages et les inconvénients qui en découlent. Ainsi, on peut relever comme élément positif une maturité plus précoce de l'étudiant, à qui ces établissements cherchent à donner une vie intellectuelle et sociale autonome dès le lycée, ce qui contribue à le responsabiliser. Du côté des inconvénients en revanche, il faut relever une plus grande difficulté à approfondir et à structurer les apprentissages.

Le lycée finlandais propose, pour sa part, une formule intéressante : le « lycée modulaire », auquel accèdent environ 50 % d'une classe d'âge. En effet, durant leur parcours, de trois ans en moyenne, les lycéens doivent valider 75 modules, dont environ deux tiers sont obligatoires et un tiers facultatif. Les cours accueillent donc des élèves d'âges différents et chacun d'entre eux est invité à organiser son parcours selon son projet personnel et en fonction de son rythme d'apprentissage. Si ce système suppose une grande maturité chez les lycéens, il leur permet d'avancer à des rythmes différents, d'approfondir leurs points forts ou au contraire de combler leurs lacunes.

L'exemple suisse, enfin, est l'illustration d'un aiguillage qui se réalise au début du lycée, et qui mène – pour plus de 60 % des élèves – à une voie professionnelle prestigieuse, où ils acquièrent une haute qualification technique, souvent grâce à une étroite proximité avec les entreprises. Choisir cette voie est valorisant et ceux qui l'empruntent trouvent un emploi à la sortie du lycée avec de très bons niveaux de rémunération ou poursuivent leur formation dans un institut technique.

Ce que nous enseigne la science

Une étude menée par Georges Felouzis a permis d'établir une mesure de l'efficacité pédagogique des enseignants du secondaire, à partir d'une évaluation portant sur 36 classes de seconde en mathématiques. Ce travail a montré que, toutes choses égales par ailleurs (niveau de départ, âge, sexe, origine sociale), les performances des élèves à des épreuves communes varient de manière significative selon la classe et l'enseignant (l'écart pouvant aller jusqu'à 5 points sur 20). Cette étude a ainsi permis d'objectiver l'impact du geste pédagogique des enseignants, l'« effet-maître ».

Une autre étude appuie l'importance de l'« effet-maître ». Des chercheurs ont évalué le dispositif d'aide individualisée en seconde[3], après sa première année de fonctionnement. Ce dispositif s'est avéré peu efficace pour la progression des élèves. L'étude pointe deux écueils principaux : un dispositif peu ciblé – il s'applique à l'ensemble des élèves et des établissements français –, ainsi que le faible nombre de séances suivies et donc un volume horaire dévolu trop faible. Cette étude montre également que parvenir à faire progresser les élèves faibles relève d'un processus à la fois mal connu et mal maîtrisé par les enseignants français. Une politique de soutien seul ne peut donc pas fonctionner. Les conclusions de cette évaluation plaident pour que la mise en œuvre d'actions complémentaires, en dehors des heures de cours, soit bien cadrée en amont, ait été expérimentée et ait démontré son efficacité avant d'être reproduite à l'identique et généralisée.

L'« effet-maître » apparaît comme l'effet majeur du système scolaire, qu'il faut en permanence cultiver et favoriser, au primaire, au collège comme au lycée.

Ce qu'il faut faire

Comme pour les autres niveaux du système éducatif, il est de première importance pour faire du lycée l'entrée dans l'âge adulte et la voie de passage vers des études supérieures ou la vie professionnelle, de formuler des objectifs resserrés et approfondis, dans les domaines de spécialité que l'élève choisit.

À la liberté nouvelle offerte aux lycéens, qu'il faut considérer comme de futurs adultes, correspond une responsabilisation accrue de tous les acteurs. L'établissement doit ainsi avoir une grande autonomie, le chef d'établissement des compétences élargies, avec son équipe de direction. Les professeurs doivent avoir une marge d'initiative. Enfin, l'ensemble des adultes doivent faire confiance aux élèves pour effectuer leurs choix. La liberté de l'élève s'est ainsi construite progressivement depuis l'école primaire.

Le baccalauréat est le principe régulateur par l'aval d'un tel système. C'est pourquoi, il est important tout à la fois de simplifier et de renforcer sa structure, en valorisant une base fondamentale de disciplines, qui traduisent la quête d'excellence de chaque filière, tout en assurant une grande liberté de choix aux élèves.

Pour le lycée, l'équilibre doit avant tout s'opérer entre des matières fondamentales, très approfondies, consacrées par des épreuves écrites au baccalauréat, et des domaines choisis par l'élève pour exprimer ses talents.

Scénario fondamental

Au lycée, la personnalisation des parcours s'affirme avec deux grandes catégories d'établissements :

• Les lycées généraux et technologiques. Il est possible de reprendre les catégories actuelles, avec, d'un côté, une filière scientifique et, de l'autre, une filière littéraire-économique unifiée, qui permettrait de renforcer le bloc littéraire et économique, aujourd'hui trop souvent perçu comme une orientation par défaut. Ainsi, le lycée général s'attacherait à transmettre les humanités du XXIe siècle, avec un accent mis sur les sciences, d'une part, et sur la littérature et les sciences humaines, d'autre part. Bien évidemment, l'objectif n'est pas de cloisonner. Au contraire, il faut aussi savoir cultiver les talents individuels dans des domaines différents, car c'est la condition qui permettra de tirer tous les élèves vers le haut. Par exemple, en mathématiques ou en physique, il ne faut pas renoncer à rechercher l'excellence dès les années de lycée, dans la plus belle tradition française, pour les élèves qui vont approfondir ces questions par la suite dans l'enseignement supérieur. Les programmes de mathématiques ont ainsi besoin d'être renforcés dans la filière scientifique à l'avenir si l'on veut continuer à avoir une excellence française dans ce domaine.

La mise en place de groupes de compétences peut là encore constituer une réponse pour permettre aux élèves d'approfondir les matières où ils excellent ou, pour ceux qui rencontrent des difficultés, de combler leurs lacunes. Dans le même temps, il faut libérer le système en offrant des choix d'options plus larges. Il ne s'agit pas d'offrir à tous les élèves la possibilité de faire du russe, du japonais et du mandarin à la fois, mais d'*offrir des libertés nouvelles* grâce aux réseaux de lycées, au digital et aux liens avec les universités. En effet, le numérique offre des opportunités pédagogiques inédites, dont les lycées doivent s'emparer (MOOC, SPOC, etc.) pour enrichir leur offre de formation. Spécificité française, la voie technologique doit également dispenser un enseignement résolument tourné vers la poursuite d'études supérieures ambitieuses.

• Les lycées professionnels. Il faut ici clairement considérer la voie professionnelle comme étant une voie d'insertion professionnelle directe, ce qui constitue la condition de sa valorisation. L'atténuation progressive des frontières entre la formation initiale et la formation continue doit permettre aux jeunes souhaitant entrer rapidement sur le marché du travail d'être en mesure de le faire, grâce à des formations en phase avec les besoins économiques locaux, tout en n'obérant pas leur capacité à reprendre des études plus tard, s'ils le souhaitent. Les enjeux du digital et de l'entrepreneuriat doivent ainsi devenir des objets majeurs pour les lycées professionnels.

Au-delà de la question des voies et des séries, la réflexion sur le lycée doit être pédagogique.

Engagée en 2010, la réforme du lycée général et technologique a montré que donner une marge de manœuvre au lycée va dans la bonne direction car cela favorise la différenciation des parcours tout en permettant une spécialisation croissante des enseignements entre la classe de seconde et la classe de terminale. Aller plus loin suppose de renforcer la liberté d'initiative des établissements, dans le cadre d'un véritable contrat entre le lycée et les autorités académiques. Pour s'assurer que l'autonomie réponde pleinement à l'intérêt général, il paraît en effet nécessaire que chaque équipe pédagogique réalise collectivement, puis en lien avec l'autorité académique, un diagnostic et définisse les actions et objectifs précis qui permettront de différencier les parcours et de résoudre les difficultés rencontrées par leurs élèves.

De plus, dans le prolongement des groupes de compétences déjà évoqués, le lycée doit s'affirmer comme *un lieu d'innovation pédagogique*. Ainsi, chaque établissement doit pouvoir faire varier le nombre d'élèves assistant à un cours, organiser certains enseignements en amphithéâtre, ce qui prépare parfaitement le lycéen à l'université, mais aussi planifier des cours en petits groupes dans un certain nombre de domaines, par exemple pour les langues. Le lycée de demain doit également proposer des pédagogies différenciées, et faire toute sa place au numérique, tout particulièrement dans certaines disciplines comme les langues. Dans ce cas précis, il serait d'ailleurs souhaitable de faire correspondre l'évaluation des compétences aux grands tests internationaux (par exemple, celui de Cambridge).

Parce qu'elle est un temps où se forgent des choix d'avenir et où débute la préparation à l'université, la scolarité au lycée doit également permettre aux lycéens de comprendre, de manière très pratique, les attentes de l'enseignement supérieur et les débouchés des différentes formations. Cela peut passer par une *extension, voire une systématisation, du dispositif des cordées de la réussite*, qui prendrait la forme d'un partenariat entre un établissement d'enseignement supérieur et des lycées. Là encore, il est possible de s'appuyer sur les extraordinaires perspectives qu'ouvre le digital. De ce point de vue, les MOOC de préparation aux études supérieures, créés par l'ESSEC avec des lycées partenaires des académies de Versailles et de Créteil, constituent une expérience intéressante qui pourrait être étendue. Ces modules, loin de déshumaniser la relation professeur-élève, la renforcent car ils sont le support d'échanges en classe et en dehors de la classe.

En outre, ce premier scénario, qui propose des lycées plus autonomes, avec un panel de choix élargi pour les étudiants, notamment grâce au numérique, reprendrait aussi les évolutions dessinées pour le collège, avec des professeurs incités à s'engager davantage dans la vie de leur établissement et à prendre en charge des missions pour favoriser un fonctionnement en équipe, autour du chef d'établissement entouré de responsables de niveau et de responsables de discipline.

Scénario optimal

Un scénario optimal peut reprendre les évolutions dessinées dans le scénario fondamental mais en allant beaucoup plus loin selon trois axes : le transfert du lycée professionnel aux régions, le lycée modulaire, la réforme du baccalauréat.

La première grande évolution vise à ancrer les formations professionnelles dans les besoins économiques précis d'une région, donc au contact direct des pôles de compétitivité et des bassins d'emploi locaux. Pour cela, il faut envisager de *transférer la responsabilité des lycées professionnels aux régions*. Les régions disposent désormais d'une responsabilité pleine et entière concernant l'apprentissage et la formation professionnelle. Leurs compétences en matière de développement économique et de politique de l'emploi ont également été renforcées. Il est donc logique que la voie professionnelle scolaire soit en accord avec tous les autres enjeux régionaux d'insertion professionnelle. Ce qui formerait pour l'échelon régional un bloc de compétences clair et cohérent. Les grandes lignes directrices, à commencer par les programmes et les examens, resteraient nationales, afin d'assurer le respect des critères nationaux. Cet ancrage territorial nouveau est aussi l'occasion de tourner encore davantage le lycée professionnel vers les enjeux économiques de demain, en particulier l'entrepreneuriat et la transformation digitale à laquelle sont confrontés tous les acteurs de terrain[4].

Deuxième évolution : le lycée général et technologique pourrait être beaucoup plus diversifié pour répondre aux ambitions spécifiques de chaque élève et *se transformer en lycée modulaire*. Chaque lycéen suivrait un tronc commun portant sur les enseignements fondamentaux organisés en deux grands pôles – « sciences » et « humanités » – et des matières de spécialité en première et en terminale. Ces dernières intégreraient les enseignements technologiques, tournés vers l'avenir. Dans cette dynamique, la voie technologique disparaît en tant que telle mais les enseignements qu'elle propose sont offerts aux élèves, à travers des choix de spécialités.

Enfin, une *réforme du baccalauréat* devrait être engagée, avec quatre matières en contrôle terminal, et une évaluation en contrôle continu pour le reste. En réduisant le nombre d'épreuves, on revalorisera l'examen. Ce sera l'occasion de renforcer les disciplines fondamentales de chaque série, afin de répondre efficacement aux exigences de l'enseignement supérieur.

MESURES CLÉS POUR LE LYCÉE

1. Faire de la transmission des humanités du XXIe siècle la finalité du lycée général avec deux filières : une filière scientifique, d'une part, et une filière littéraire-économique, d'autre part.
2. Mettre en place des groupes de compétences pour permettre aux élèves de combler leurs lacunes ou d'approfondir les matières dans lesquelles ils excellent.
3. Organiser les lycées en réseau pour offrir un éventail d'options et les relier aux établissements d'enseignement supérieur.
4. Assumer que la voie professionnelle est une voie d'insertion professionnelle tournée vers les enjeux économiques de l'avenir, en particulier le numérique, l'entrepreneuriat et l'artisanat.
5. Faire du lycée un lieu d'innovation pédagogique : organisation d'enseignements en amphithéâtre, cours en petits groupes, MOOC, etc.
6. Appuyer l'évaluation des compétences en langue sur les grands tests internationaux (par exemple Cambridge).

7. Développer, voire systématiser, le dispositif des cordées de la réussite et s'appuyer sur le numérique pour préparer au mieux les élèves aux enjeux de l'enseignement supérieur.
8. Dans le même esprit qu'au collège, positionner le chef d'établissement en véritable responsable, à la tête d'une équipe rapprochée, composée de cinq à dix personnes, travaillant ensemble sur les problématiques et le fonctionnement de l'établissement.
9. Envisager le transfert de la responsabilité des lycées professionnels aux régions pour ancrer les formations au plus près des besoins économiques territoriaux, donc au contact direct des pôles de compétitivité et des bassins d'emploi locaux.
10. Organiser le lycée général et technologique selon un principe modulaire pour répondre aux ambitions spécifiques de chaque élève.
11. Repenser l'organisation du baccalauréat avec quatre matières en contrôle terminal et de l'évaluation en contrôle continu pour les autres.

La carrière des professeurs

« Il y a un art de savoir et un art d'enseigner. »

CICÉRON.

Qu'est-ce qu'un bon professeur ? Chacun d'entre nous garde le souvenir ému d'un maître ou d'un professeur, qui l'a accompagné, encouragé, fait grandir et finalement aidé à se construire. Le 19 novembre 1957, peu après avoir reçu le prix Nobel de littérature, Albert Camus écrivait à Louis Germain, son ancien instituteur : « Quand j'ai appris la nouvelle, ma première pensée, après ma mère, a été pour vous. Sans vous, sans cette main affectueuse que vous avez tendue au petit enfant pauvre que j'étais, sans votre enseignement, et votre exemple, rien de tout cela ne serait arrivé. Je ne me fais pas un monde de cette sorte d'honneur mais celui-là est du moins une occasion pour vous dire ce que vous avez été, et êtes toujours pour moi, et pour vous assurer que vos efforts, votre travail et le cœur généreux que vous y mettiez sont toujours vivants chez un de vos petits écoliers qui, malgré l'âge, n'a pas cessé d'être votre reconnaissant élève. » Il faut repartir de ces souvenirs d'enfance pour se demander ce qu'est un bon professeur aujourd'hui.

Un bon professeur réunit trois qualités :

• C'est d'abord *un spécialiste d'une ou de plusieurs disciplines*. Il s'appuie, dans l'exercice de ses fonctions, sur une maîtrise parfaite de la langue française, une solide culture générale, et un excellent niveau académique acquis au terme d'une formation poussée. Charles Péguy soulignait ainsi cette dimension culturelle en affirmant que le professeur ne devait pas agir en représentant du gouvernement ou d'une majorité mais de l'humanité tout entière. Et il ajoutait qu'il devait être « le seul et l'inestimable représentant des poètes et des artistes, des philosophes et des savants, des hommes qui ont fait et qui maintiennent l'humanité. Il doit assurer la représentation de la culture[1] ».

• Le bon professeur est aussi celui qui sait porter *une attention particulière* à chacun de ses élèves. C'est un pédagogue, passionné par la transmission et le souci de faire progresser chaque élève. Il est exigeant avec lui-même comme avec ses élèves. Il sait les encourager et les pousse à se dépasser, à exprimer leurs talents et leur personnalité. Il sait aussi repérer leurs faiblesses et les aider à surmonter leurs difficultés.

• Enfin, *le bon professeur connaît parfaitement son environnement professionnel*. Il connaît le fonctionnement, les acteurs et les enjeux de l'Éducation nationale. Il travaille en équipe avec ses collègues, le chef d'établissement ou le directeur d'école ainsi qu'avec l'ensemble des personnels pour répondre aux besoins des élèves. Il entretient également des relations avec les différentes composantes de la communauté éducative, à commencer par les parents, mais il connaît aussi les acteurs des autres niveaux d'enseignement ; cela lui permet d'assurer une continuité dans les apprentissages, d'accompagner et d'aiguiller les élèves dans leurs choix d'orientation.

Le bon professeur est donc celui qui sait faire progresser ses élèves, ce qui peut d'ailleurs être mesuré par des évaluations régulières. Néanmoins, dans cet effort, l'Éducation nationale est confrontée à une difficulté de taille : la dimension du système éducatif. En effet, comment utiliser d'une manière optimale les compétences de chacun dans un ministère qui compte 855 000 professeurs ? Jusqu'ici, l'Éducation nationale a peiné à mettre en place *une politique de ressources humaines* qui valorise les qualités et les talents individuels de chaque professeur et les articule aux besoins des élèves. La norme qui prévaut est plutôt la gestion administrative de masse, fondée sur l'ancienneté. En dépit de quelques postes à profil, ce que l'on appelle le « mouvement » des professeurs repose sur l'addition de points obtenus par le nombre d'années d'enseignement, le nombre d'années dans un établissement ainsi que le grade ; paramètres auxquels s'ajoutent quelques autres variables comme l'âge ou la situation familiale.

Ce que nous enseigne l'expérience

Le professeur a longtemps été une figure majeure de la République triomphante. Il incarnait l'autorité du savoir et était unanimement respecté. Pour nombre de jeunes gens talentueux issus de milieux modestes, comme pour leurs familles, les métiers d'instituteur et de professeur représentaient une voie de promotion et d'ascension sociale. La littérature des XIXe et XXe siècles regorge de récits qui mettent l'instituteur à l'honneur. Il suffit par exemple de songer au récit que Marcel Pagnol fait de son enfance dans *La Gloire de mon père*, qui met en scène son propre père, instituteur à Marseille au début du XXe siècle.

Aujourd'hui, l'image du professeur s'est brouillée. Les salaires de début de carrière et les conditions de travail, avec souvent un premier poste en zone d'éducation prioritaire, font que ce métier a cessé d'être attractif pour les jeunes diplômés. En outre, les professeurs n'ont plus la reconnaissance sociale dont ils jouissaient jadis.

Cette situation a une double conséquence : un malaise des enseignants qui se retrouvent souvent confrontés à des situations pour lesquelles ils n'ont reçu aucune préparation, d'une part, et une crise des vocations, d'autre part. Aujourd'hui, l'Éducation nationale peine à attirer les jeunes diplômés, alors qu'elle cherche à recruter un nombre croissant de professeurs. Dès lors le recrutement se révèle difficile.

Ainsi, en 2015, dans les académies de Versailles et de Créteil, plus de 60 % des candidats au concours de professeur des écoles ont été admis[2]. En outre, tous les postes aux concours de professeur des écoles n'ont pas été pourvus (10 839 sur 11 122), tout particulièrement dans l'académie de Créteil où le ministère a été obligé d'organiser un concours exceptionnel qui a recruté, notamment, des aspirants professeurs des écoles qui avaient échoué aux concours des autres départements. Le recrutement, qui se fait par le biais de concours académiques dans le 1er degré, conduit donc à réserver, pour l'une des académies qui concentrent le plus d'élèves en difficulté, les professeurs les moins bien armés pédagogiquement.

En 2015, l'Éducation nationale proposait 7 200 postes aux différents CAPES – concours qui permet d'enseigner dans le secondaire –, mais seulement 6 154 postes ont été pourvus faute de candidats ayant le niveau minimal requis. La démographie du CAPES de mathématiques s'est ainsi particulièrement détériorée : sur les 1 440 postes ouverts, seuls 1 098 candidats ont été déclarés admis. On note une baisse de 5,1 % des admissibles dans cette discipline alors que le nombre de postes offerts était en hausse de 15,8 %. La situation n'est pas meilleure en anglais, avec 1,2 candidat admissible par poste ouvert.

Après la réussite au concours, les jeunes professeurs sont envoyés dans les écoles et les établissements les plus difficiles. Ce système d'affectation, qui répartit les professeurs en fonction de critères essentiellement comptables et démographiques, est doublement inadapté, voire contre-productif.

Il l'est d'abord pour les enseignants eux-mêmes puisqu'il tend à confronter les jeunes professeurs inexpérimentés à des situations complexes. Le mérite, l'engagement et l'implication de ces jeunes enseignants qui exercent au sein de l'éducation prioritaire ne sont pas valorisés, puisque les barèmes d'avancement privilégient l'ancienneté au détriment des compétences ou des spécificités du poste d'affectation. La conséquence première en est que, souvent, les jeunes professeurs n'auront de cesse de vouloir partir, avec un effet négatif sur la stabilité des équipes, ce qui constitue pourtant une condition essentielle de la réussite des élèves.

Ce dispositif comporte également des conséquences néfastes pour les élèves puisque les mécanismes d'affectation ne cherchent aucunement à favoriser l'adéquation entre les difficultés spécifiques d'un territoire, d'un établissement et des élèves, d'une part, et le profil, les compétences des professeurs, d'autre part. En d'autres termes, le « mouvement » ne cherche pas à apporter une valeur ajoutée dans la réponse aux besoins des élèves et n'a donc pas de conséquence sur leur réussite.

Autre caractéristique du système éducatif français, l'isolement des professeurs et une faible culture du travail en équipe[3].

Les textes sont pourtant très clairs : l'article L. 912-1 du Code de l'éducation reconnaît l'équipe pédagogique en soulignant « les enseignants travaillent au sein d'équipes pédagogiques ». D'autres instances collectives existent dans les écoles et les établissements, qu'il s'agisse du conseil des maîtres, du conseil d'école ou du conseil pédagogique dans les établissements du second degré. Au cours des dernières années, l'introduction du socle commun, le développement de l'accompagnement personnalisé ou encore l'importance croissante de l'interdisciplinarité ont d'ailleurs renforcé la nécessité du travail en équipe.

Aujourd'hui encore, la définition hebdomadaire du temps de service des enseignants est trop rigide pour couvrir la réalité des missions des enseignants, qui ne se limitent pas au temps d'enseignement en classe. Cette définition ne correspond plus à la réalité des besoins des élèves qui évoluent tout au long de l'année (temps de l'orientation, de l'aide individuelle, temps de l'évaluation de l'élève, et de rencontre avec les parents).

La question salariale constitue également l'une des raisons du manque d'attractivité du métier de professeur. Un professeur est payé selon un traitement indiciaire et des primes limitées. Jusqu'ici, l'avancement de sa carrière se faisait surtout à l'ancienneté avec une pondération au mérite, matérialisée par le « grand choix » et le « choix », procédures accélérées pour évoluer à un échelon supérieur. La rémunération des professeurs français est juste dans la moyenne des pays de l'OCDE. L'écart avec l'Allemagne est conséquent, surtout en début de carrière, alors que les rémunérations en fin de carrière opèrent en France un rattrapage. Ainsi, un professeur des écoles français gagne 2 000 euros brut par mois, hors indemnités en début de carrière et 3 400 euros brut par mois, toujours hors indemnités, en fin de carrière.

La réforme engagée au printemps 2016 par l'Éducation nationale tente de rattraper ce retard salarial mais les augmentations sont universelles et ne cherchent pas à valoriser l'implication et les résultats individuels des professeurs. Les services rendus à l'institution sont récompensés après coup, après vingt-huit ans de carrière… De plus, le seul avancement au mérite qui existait jusque-là a été supprimé : la durée des échelons est la même pour tous.

Enfin, au-delà de la question salariale, *les carrières des professeurs restent très linéaires*. En effet, en dehors du passage de la « classe normale » au statut « hors classe », de l'accession au corps des agrégés ou du changement d'affectation, les possibilités d'évolution demeurent très limitées, et les mesures annoncées en mai 2016 ne changent pas fondamentalement cet état de fait. Les prises de responsabilités au sein de l'école ou de l'établissement restent très réduites et les détachements et mobilités fonctionnelles le sont tout autant.

L'étanchéité entre le primaire et le secondaire est à peu près entière, alors que la loi de refondation de l'école de 2012 prône un renforcement de l'articulation entre école et collège. Dans le secondaire, l'étanchéité entre les corps conduit ceux qui ont choisi d'exercer des fonctions de direction à rompre définitivement avec l'enseignement, tout comme ceux qui rejoignent les corps d'inspection.

Finalement, contrairement aux autres corps de l'administration, il n'existe pas pour les professeurs de trajectoire type qui permettrait d'accéder à l'emploi immédiatement supérieur, impliquant de nouvelles responsabilités et donc une évolution de son parcours professionnel vers un tout autre métier. Les perspectives d'évolution offertes aux enseignants sont donc à la fois ténues et extrêmement balisées.

Ce que nous enseigne la comparaison internationale

Les carrières des professeurs prennent des formes extrêmement diverses. Une exploration des systèmes éducatifs internationaux permet d'identifier des pratiques qui répondent à certaines difficultés rencontrées en France.

Le premier point de comparaison, permis par les enquêtes de l'OCDE, porte sur le salaire des professeurs. Antérieur aux récentes mesures concernant la rémunération des professeurs, le graphique ci-dessous montre que la France se situe en deçà de la moyenne des pays de l'OCDE, particulièrement pour le 1er degré.

Coût salarial des enseignants par élève, selon le niveau d'enseignement (2013)
En USD

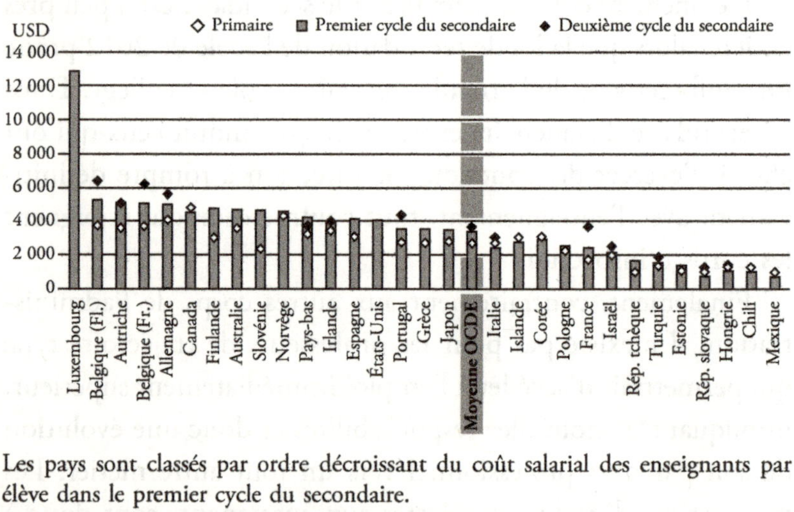

Les pays sont classés par ordre décroissant du coût salarial des enseignants par élève dans le premier cycle du secondaire.
Source : OCDE, Regards sur l'éducation, *2015.*

Au-delà des enjeux de rémunération, la comparaison internationale apporte également des éclairages sur des sujets clés comme l'entrée dans le métier, le fonctionnement en équipe ou l'organisation du temps de travail.

En Asie, les liens très étroits entre les générations de professeurs permettent aux plus jeunes de bénéficier du compagnonnage des plus expérimentés et de se perfectionner ainsi progressivement dans l'exercice du métier. C'est notamment le cas à Singapour, pays où l'éducation est un secteur très attractif et attire de très bons étudiants. Dans les Junior College, qui correspondent aux lycées français, un partie des cours est dispensée en amphithéâtre par les professeurs les plus expérimentés, devant un public qui peut aller jusqu'à plusieurs centaines d'élèves. Dans la salle se trouvent également de jeunes professeurs, dont la mission est d'accompagner les élèves, mais qui en profitent aussi pour se former eux-mêmes. Ces jeunes professeurs travaillent ensuite avec les élèves dans le cadre de *tutorial groups*, qui réunissent 20 à 30 élèves.

C'est le cas également en Allemagne où, après la réussite à un premier examen d'État au terme du bachelor ou du master, l'étudiant devient professeur stagiaire pour une période de douze à dix-huit mois. Durant cette période, il travaille dans un établissement sous la responsabilité d'un mentor. Dans le même temps, le futur professeur complète sa formation théorique en didactique et en pédagogie au *Studien seminar*. Cette logique d'accompagnement et de compagnonnage est également en vigueur en Finlande, dès les premières années de formation. Ainsi, si tous les professeurs de l'école fondamentale et du lycée doivent être titulaires d'un master universitaire, des périodes de stage sont proposées dès la première année de formation avec passage progressif de l'observation à la pratique accompagnée. En outre, pour devenir *class teachers* (professeurs des écoles), qui enseigneront dans les classes 1 à 6, les candidats à l'entrée dans une faculté d'éducation doivent être titulaires de la « matriculation » (baccalauréat) et le plus souvent faire valoir une expérience préalable d'un an comme assistant d'éducation.

Dans la plupart des pays, le recrutement des professeurs incombe directement au chef d'établissement. C'est le cas en Allemagne où la plupart des enseignants accèdent au titre de professeur pour l'enseignement primaire ou secondaire après un premier examen d'État suivi d'un stage pratique, on l'a vu, puis d'un second examen d'État. La réussite à cet examen ne donne pas droit à un emploi ni au statut de fonctionnaire. Le recrutement incombe, à Berlin notamment, aux chefs d'établissement. Aujourd'hui, avec le vieillissement du corps enseignant, les jeunes enseignants parviennent à trouver rapidement un emploi. La titularisation intervient peu de temps après l'embauche. Elle garantit l'accès au statut prisé de fonctionnaire d'État, même si, faute de moyens, l'État a souvent embauché de jeunes professeurs comme contractuels dans les Länder de l'ex-RDA.

Autre enjeu majeur : le fonctionnement en équipe, qui reste souvent limité en France. Là encore, la Finlande constitue un modèle différent. Les obligations de service des professeurs ne se limitent d'ailleurs pas à l'enseignement mais comprennent d'autres missions comme les rencontres avec les familles, la surveillance des pauses et surtout la participation à des groupes de travail avec les collègues de leur discipline, ou dans un cadre interdisciplinaire. Le chef d'établissement consacre d'ailleurs une part importante de son temps à ce travail en équipe et il n'est pas rare qu'il réunisse autour de lui, par exemple de façon hebdomadaire, l'ensemble des professeurs de l'établissement pour faire le point sur les sujets en cours et travailler sur les projets.

Enfin, pour prolonger la réflexion sur l'organisation du temps de service des enseignants, le Canada et les Pays-Bas ont développé des systèmes très efficaces d'annualisation du temps de travail.

Au Canada, l'annualisation est encadrée par des conventions collectives nationales qui protègent le statut des professeurs. Ce système, qui prévoit le temps de la classe et un temps dit « de gestion »/préparation, permet une plus grande fluidité et une souplesse de gestion. L'annualisation facilite ainsi la gestion des missions « hors heures de cours ».

Il en va de même aux Pays-Bas, avec un nombre annuel d'heures de travail et un nombre d'heures maximal d'enseignement, qui permet de couvrir les heures d'enseignement, les besoins locaux (formation, mentorat, tutorat…) et les activités de coordination pédagogique. Le dispositif prévoit également un temps de « travail global » (forfait) qui permet de prendre en compte la préparation des cours et la correction des copies.

Ce que nous enseigne la science

L'incapacité à proposer une véritable politique de ressources humaines pèse sur le moral des professeurs, qui ne se sentent pas reconnus et ne se voient pas offrir de véritables perspectives de carrière, et nourrit le déficit des vocations. Alors que les deux premiers vecteurs de motivation des enseignants sont la volonté de transmettre et la réussite des élèves, 71 % d'entre eux se déclarent impuissants et 41 % se disent même résignés[4].

Des enquêtes internationales soulignent également ce malaise des enseignants : 40 % des professeurs français se sentent insuffisamment et mal préparés à leur métier. L'enquête de TALIS (Teaching and Learning International Survey), réalisée par l'OCDE, révèle que les enseignants français sont ceux qui se sentent le bien moins préparés à l'enseignement. Seuls 6 enseignants sur 10 se déclarent « bien ou très bien préparés », alors qu'ils sont 9 sur 10, en moyenne, dans les autres pays de l'enquête TALIS. Selon cette même enquête, 30 % ressentent une impression « d'impuissance, d'isolement ou de fatalisme » face à la difficulté scolaire.

La politique de ressources humaines a également des conséquences sur les trajectoires des élèves et ne permet pas de réduire les écarts scolaires entre certaines catégories de la population ni entre certains territoires.

Au moment de penser la mission et la carrière des professeurs, il faut donc chercher à relever simultanément deux défis intimement liés : le *bien-être des professeurs* et les *progrès des élèves*.

Un récent rapport des deux inspections générales de l'Éducation nationale consacré aux facteurs de valeur ajoutée des lycées fournit un éclairage intéressant sur le rôle des équipes éducatives dans la réussite des élèves. Fondée sur les Indicateurs de valeur ajoutée de la Direction de l'évaluation, de la prospective et de la performance (DEPP) du ministère et sur une centaine de visites d'établissement, cette étude montre que la valeur ajoutée n'est pas le fruit d'un facteur unique mais d'une conjonction de facteurs. Surtout, les auteurs montrent que le projet pédagogique et le fonctionnement en équipe ont un impact déterminant sur la valeur ajoutée de l'établissement.

Ainsi, « le rôle déterminant de la direction et l'engagement d'équipes fédérées autour d'un projet, qu'elles se sont approprié et qu'elles font vivre, se traduisent par une réelle cohésion interne à l'établissement[5] ». Parmi les autres facteurs figurent également l'accompagnement proposé aux lycéens, le degré d'exigence et la régularité du travail demandé. D'autres aspects, qui peuvent apparaître comme secondaires mais qui sont en fait essentiels, entrent également en ligne de compte comme l'informatique ou l'immobilier et l'aménagement de l'espace.

Ce rapport vient ainsi souligner l'importance, évoquée à plusieurs reprises, du collectif dans l'Éducation nationale et la nécessité de fédérer autour du chef d'établissement une équipe engagée pour mettre en place un projet pédagogique singulier.

Il existe un « effet-établissement », qui résulte de la valeur ajoutée d'un établissement scolaire – différence entre les résultats obtenus aux examens (brevet ou baccalauréat) et les résultats attendus selon les caractéristiques des élèves scolarisés (âge, retard scolaire, profession des parents) –, et l'« effet-maître[6] » permet de mesurer, quant à lui, la part des performances des élèves liées aux pratiques des enseignants. Plusieurs travaux ont ainsi établi que certaines pratiques sont davantage adaptées à la progression de l'ensemble des élèves. L'« effet-maître » explique entre 10 et 20 % de l'évolution des performances des élèves durant l'année scolaire et s'avère particulièrement élevé au cours de la première année de scolarité. Cet « effet-maître » est supérieur à l'« effet-établissement », une fois neutralisés les effets inhérents au milieu socio-économique des élèves. Une étude d'Eric Hanushek a ainsi mesuré l'impact des gestes et protocoles pédagogiques des enseignants à court et à long terme sur le parcours scolaire des élèves[7]. Elle montre nettement que la qualité d'un enseignant a un effet très fort sur le destin scolaire des élèves. L'enjeu essentiel de toute politique éducative ambitieuse doit donc être de viser la maximisation de cet effet-là ; cela passe par une formation initiale et continue des enseignants revisitée, entièrement tendue vers la mise en œuvre de pratiques et de protocoles pédagogiques dont l'efficacité a été démontrée par la recherche.

Ce qu'il faut faire

En matière de ressources humaines dans l'Éducation nationale, l'enjeu est aussi celui de la personnalisation. En effet, il s'agit de *rompre avec une gestion de masse* qui repose sur des algorithmes désincarnés et chercher plutôt à articuler les besoins des élèves avec les talents spécifiques des professeurs, en favorisant notamment le fonctionnement en équipe et la prise de responsabilités au sein des écoles et des établissements. C'est l'un des leviers majeurs pour relever les défis identifiés dans les chapitres précédents. Transformer les carrières enseignantes, c'est aussi une clé pour attirer les talents vers l'Éducation nationale et, *in fine*, redonner tout son prestige au métier de professeur.

Cela passera aussi par une refonte complète de la formation continue, conçue comme une autoformation permanente tout au long de la vie des professeurs, pensée dans le cadre des besoins de l'établissement et des aspirations du professeur, en lien étroit avec l'université.

Scénario fondamental

UNE IMPRÉGNATION PROGRESSIVE

Lorsque l'on veut penser la question des ressources humaines dans l'éducation, le premier enjeu est celui du recrutement, et même en amont du vivier de recrutement, afin d'attirer vers le professorat des étudiants qui ont de grandes qualités intellectuelles et morales et une vocation. Cela passe bien sûr par une attractivité renforcée du métier de professeur, il faudra y revenir, mais aussi par un *repérage précoce* des talents et une familiarisation progressive avec le monde de l'école.

La première étape est donc d'identifier les talents le plus tôt possible, pourquoi pas dès l'enseignement secondaire, par exemple en repérant des vocations scientifiques dès la classe de quatrième et en encourageant ces élèves avec des bourses jusqu'au master pour qu'ils deviennent professeurs ou ingénieurs[8].

Ensuite, il faut affirmer clairement que *l'exercice du métier de professeur se prépare dès la formation initiale*. La difficulté réside en ce que l'on demande aux jeunes professeurs d'être à la fois des spécialistes d'un domaine et des spécialistes de pédagogie. Or la place accordée aux disciplines de spécialité est prépondérante. L'enjeu n'est évidemment pas de renoncer aux savoirs disciplinaires, mais de faire en sorte que les futurs professeurs entrent progressivement dans le métier, ce qui passe par une imprégnation progressive *in situ*, dans les écoles et les établissements, au sein des classes, auprès des élèves.

Aujourd'hui, le récent dispositif d'« emplois d'avenir professeur » (EAP) va dans ce sens, mais il ne va pas suffisamment loin car il n'est ouvert qu'en L3 et en M1 et ne concerne qu'un contingent limité. Demain, il faut généraliser ce principe et concevoir *un modèle qui pourrait s'inspirer de l'internat de médecine,* avec un temps d'externat, suivi d'un temps d'internat. Il y a aujourd'hui environ 50 000 assistants d'éducation en France, qui sont recrutés par des établissements ou des écoles pour assurer des fonctions de surveillance et renforcer l'accompagnement des élèves en difficulté scolaire, notamment dans les établissements sensibles ou situés dans des zones en difficulté. Il faut les orienter progressivement vers les dispositifs d'entrée dans le métier, dans leur intérêt et dans celui des établissements.

Demain, le temps de l'externat pourrait correspondre, pour les futurs professeurs, à celui de la licence. La formation académique est alors dominante. L'étudiant a pour mission d'encadrer l'accompagnement éducatif au collège, l'accompagnement personnalisé à l'école élémentaire ou encore, après une formation spécifique, de favoriser l'immersion langagière à la maternelle en suivant une méthode précise. L'internat correspond à la période qui mène au concours, c'est-à-dire au temps de la L3 et du M1. À ce moment-là, l'étudiant expérimente l'enseignement, mais toujours sous le regard attentif de professeurs expérimentés, dans une logique de compagnonnage. Ces étudiants pourraient également jouer un rôle dans le remplacement et suppléer immédiatement les professeurs en cas d'absence. Après le concours et jusqu'à la titularisation, le jeune professeur est pleinement en responsabilité, avec l'appui d'un professeur tuteur, qui lui transmet ses conseils.

Cette approche porte en outre une ambition sociale et permettra d'attirer vers l'enseignement des étudiants issus de milieux modestes, ce qui est de moins en moins le cas actuellement.

Une telle conception de l'imprégnation progressive menant jusqu'au métier de professeur conduit à poser la question du concours. Il paraît d'abord souhaitable de *maintenir et de renforcer l'agrégation*, concours fondé sur la reconnaissance de l'excellence académique et permettant d'enseigner de bac - 3 à bac + 3. Cela signifie donc que, dans le champ du secondaire, les agrégés enseigneraient exclusivement en lycée. Parallèlement, on peut imaginer *un CAPES et un CRPE simplifiés* et prenant en compte tout à la fois la qualité académique et la qualité éducative. Dans cette configuration, on peut imaginer un concours reposant à parts égales sur un écrit et un oral d'une part, et sur une reconnaissance de l'expérience acquise tout au long du processus d'imprégnation évoqué précédemment, d'autre part. On pourrait d'ailleurs imaginer qu'il faille une attestation d'au moins deux chefs d'établissement ou directeurs d'école pour valider ce processus. Dans le cadre de ce concours renouvelé, une attention majeure sera portée à la maîtrise du français, avec un principe simple : nul ne peut devenir professeur s'il ne peut justifier d'une maîtrise parfaite de la langue française.

Cette conception de l'imprégnation progressive conduit aussi à poser la question de l'institution qui a vocation à former les jeunes qui se destinent aux métiers de l'enseignement. On pourrait plaider pour la renaissance d'écoles normales ou d'écoles professionnelles dans le giron du ministère de l'Éducation nationale. Néanmoins, au XXIe siècle, l'Université qui conçoit et transmet les savoirs de demain a vocation à irriguer la société tout entière. Il paraît donc logique et souhaitable que les futurs professeurs soient dans le bain académique. En vérité, la question des Écoles supérieures du professorat et de l'éducation (ESPE) n'est pas tant un sujet de structure que de contenu : qui y enseigne et qu'y enseigne-t-on ? De ce point de vue, les écoles de formation de professeurs dans le futur devront bénéficier de formateurs qui sont encore sur le terrain, exerçant en partie en établissement, en partie auprès des futurs enseignants. Cet enseignement pragmatique, alimenté aux réalités concrètes de la classe, sera complété par un enseignement d'excellence sur le plan des contenus académiques et des perspectives pédagogiques. Un conseil national de la formation qui comprendrait des spécialistes des sciences cognitives et des disciplines en lien direct avec les cinq académies et le Collège de France pourrait superviser et garantir la qualité de l'ensemble.

DES POSTES À PROFIL

Après le concours, il faut repenser les mécanismes d'affectation et de mouvement qui constituent l'un des freins majeurs à la transformation du système éducatif. Deux principes doivent guider les règles d'affectation : permettre le *travail collectif* et favoriser la *stabilité des équipes éducatives*. Ainsi, il faut pouvoir s'appuyer sur les solidarités et les amitiés qui ont pu se nouer au cours des études et des années d'imprégnation, d'une part, et, on l'a vu, sur les mécanismes de compagnonnage à l'œuvre au sein de l'établissement permettant aux plus jeunes de s'appuyer sur l'expérience des professeurs plus âgés, d'autre part.

Afin de trouver un point d'équilibre entre la volatilité et l'enkystement, il convient de déterminer ce que serait la durée

« normale » d'une présence au sein d'un établissement. *Une période de cinq années dans un même établissement* paraît être un point d'équilibre permettant de comprendre pleinement les enjeux, de développer des projets et d'obtenir des résultats, sans toutefois être atteint par des formes d'usure. Cela vaut d'ailleurs pour l'ensemble des fonctions au sein de l'Éducation nationale, pour les recteurs, pour les inspecteurs d'académie, mais aussi pour les chefs d'établissement. Loin des mouvements trop fréquents des cadres qui caractérisent l'Éducation nationale aujourd'hui, cette stabilité assumée jouerait en faveur de la continuité des politiques éducatives, avec un impact direct sur les performances du système.

Ainsi, c'est une forme de contrat de recrutement passé entre les personnels et l'établissement, ou l'institution qui se dessine, au sens moral et éventuellement au sens juridique. À l'intérieur de ce cadre, le *recrutement sur profil* pourrait être généralisé, à l'instar de ce qui était engagé avant 2012 dans les établissements ECLAIR de l'éducation prioritaire. Comme c'est le cas pour l'enseignement privé sous contrat, le concours pourrait être une habilitation à enseigner, le recrutement étant de la responsabilité des chefs d'établissement qui publieraient des appels à candidature afin de pourvoir les besoins. Ce système présente d'importants avantages en matière de transparence. Il favorise également la cohésion des équipes et l'adhésion au projet spécifique de l'établissement, dont l'identité se voit consolidée. Loin de la mécanique actuelle du « mouvement », ce système offre une liberté nouvelle aux professeurs, qui peuvent candidater à des postes qui correspondent davantage à leur projet et à leurs aspirations. La logique du recrutement sur profil vaut aussi pour le recrutement des chefs d'établissement.

PRISE DE RESPONSABILITÉS

En outre, le déroulement de la carrière du professeur doit permettre et même prévoir, notamment dans le second degré, *des prises de responsabilités dans l'établissement*. Déjà évoquée dans les chapitres consacrés au collège et au lycée, l'idée est de constituer une véritable équipe autour du chef d'établissement. Le nombre de ses membres varie en fonction de la taille de l'établissement, entre 4 et 15 personnes par exemple, mais cette équipe comprend traditionnellement des responsables de discipline et de niveau, qui pourraient être appelés « préfets des études », ainsi que le professeur documentaliste et l'infirmière. Cet engagement au sein de l'établissement devra être valorisé par un système de primes attractives. Pour les collèges et les lycées, il faudrait prévoir une prime rémunérant l'engagement dans l'équipe de direction, d'une dizaine de personnes. Si l'on fixe le niveau de cette prime à 5 000 euros par personne et par an, le coût prévisionnel de cette mesure serait de 600 millions d'euros par an.

Afin d'assurer la cohésion au sein de l'équipe pédagogique, on pourrait même envisager que *le chef d'établissement conserve une charge – réduite – d'enseignement* dans sa discipline d'origine, comme cela se pratique en Allemagne. Dans la mesure où les tâches du chef d'établissement sont considérables, il faut évidemment préciser les conditions pratiques de mise en œuvre d'une telle idée, mais le principe n'en reste pas moins intéressant et il faut ouvrir cette possibilité.

Au-delà des responsabilités dans l'établissement, il faut également favoriser l'engagement au sein du système éducatif lui-même. Ainsi, il paraît souhaitable d'élargir la possibilité offerte aux professeurs d'exercer des missions d'inspection. De même, l'idée de mettre en place un *corps unique d'encadrement*, qui permette des passerelles notamment entre les fonctions de *chefs d'établissement et IPR*, apparaît pertinente. On doit favoriser aussi la logique de « seconde carrière », tant pour intégrer des professionnels venus de divers horizons au sein de l'Éducation nationale que pour permettre à des professeurs de s'épanouir dans divers champs d'activité[9].

L'ÉVALUATION

Ces parcours de carrière plus fluides et plus ouverts, qui reposent davantage sur les besoins des élèves et les talents spécifiques des professeurs, supposent de *repenser les mécanismes d'évaluation*. Aujourd'hui, dans le second degré, un professeur n'est inspecté en moyenne que tous les cinq ans, de manière aléatoire, avec un effet de plus en plus limité pour sa carrière. Ce n'est ni motivant ni efficace et entretient parfois des situations d'échec dramatiques. La mise en place d'une politique de ressources humaines, qui favorise les approches collectives et la prise de responsabilités, devrait s'accompagner d'un double niveau d'inspection.

• *Une inspection collective des établissements* menée par les équipes du rectorat, sur la base des objectifs du projet d'école ou d'établissement, et doublée par un accompagnement afin de suivre la mise en œuvre des recommandations formulées. Il faudrait pour cela pouvoir apporter à tous les établissements les outils pédagogiques les plus performants (issus de la recherche) et fournir aux enseignants des instruments d'évaluation – assortis de référentiels – afin qu'ils puissent mesurer plus finement les performances de leurs élèves.

• *Une évaluation des professeurs par le chef d'établissement*, qui les connaît bien puisqu'ils travaillent quotidiennement ensemble. Dans ce cadre, l'inspecteur pédagogique régional (IPR) pourrait jouer un rôle de conseil concernant les enjeux disciplinaires. L'évaluation des enseignants pourrait également être davantage corrélée aux résultats de leurs élèves, notamment dans la maîtrise des savoirs fondamentaux par des évaluations nationales. Il faudra pour cela assigner des objectifs précis aux cadres (sur la réduction de la difficulté scolaire) fondés sur un référentiel des compétences de base (lecture, calcul). Un système d'appel formulé auprès du recteur pourrait être mis en place afin de dépasser les situations de tension les plus vives. Si les niveaux d'organisation territoriale étaient appelés à évoluer, comme nous le verrons dans le chapitre suivant, l'évaluation des professeurs pourrait devenir le fruit d'un dialogue entre le professeur, le chef d'établissement et le responsable installé dans l'échelon territorial de proximité, qui s'appuierait alors sur l'expertise des inspecteurs de la discipline.

FORMATION CONTINUE

On ne dira jamais assez à quel point la formation continue est un enjeu essentiel lorsque l'on exerce un métier aussi exigeant que celui de professeur. Elle est l'une des clés majeures pour permettre aux professeurs de se placer dans une logique dynamique tout au long de leur carrière, de prendre des initiatives mais aussi des responsabilités, tout en restant pleinement au fait des évolutions de leur discipline et de la pédagogie. Dans le domaine de l'éducation, la formation continue passe d'abord par les efforts des professeurs pour suivre l'évolution scientifique de leur discipline ou améliorer leur pratique pédagogique. Charles Péguy soulignait cet enjeu en affirmant : « Nous devons avoir le courage de le répéter aux instituteurs, il est indispensable qu'ils se cultivent eux-mêmes ; il ne s'agit pas d'enseigner à tort et à travers ; il faut savoir ce que l'on enseigne, c'est-à-dire, qu'il faut avoir commencé par s'enseigner soi-même ; les hommes les plus éminents sont ceux qui n'ont pas cessé, qui ne cessent pas de se cultiver, de travailler ; on n'a rien sans peine, et la vie est un perpétuel travail[10]. »

Si la formation continue ou permanente est une responsabilité individuelle, qui doit être encouragée, elle est aussi l'affaire de l'institution. Or il existe de graves lacunes dans ce domaine au sein de l'Éducation nationale, comme vient de le souligner l'enquête TALIS de l'OCDE[11].

Pour bâtir une véritable politique de formation continue, il faut mettre en place *une stratégie numérique ambitieuse*, à tous les niveaux du système éducatif. En effet, le digital est un vecteur d'accélération formidable en matière d'autoformation et de certification permanente. De même que la relation plus directe entre les établissements et l'université. Ainsi, le ministère devrait lancer tout au long de l'année des appels d'offres pour la réalisation de MOOC sur l'ensemble des sujets clés pour l'enseignement, qu'ils soient éducatifs ou pédagogiques, et pour permettre aux professeurs de rester informés des enjeux de la recherche et des éléments importants pour leur discipline. L'accent sera mis sur les priorités du système éducatif : l'acquisition du langage et les apprentissages fondamentaux.

Scénario optimal

Le scénario optimal reprend l'ensemble des principes définis pour le scénario fondamental mais propose d'aller beaucoup plus loin sur trois enjeux clés : les débuts de carrière, en particulier dans les zones les plus défavorisées, l'organisation du service des enseignants et la valorisation du mérite des professeurs.

CHANGER LES CONDITIONS DE TRAVAIL DANS LES ÉCOLES ET ÉTABLISSEMENTS LES PLUS DIFFICILES

De fait, lorsque l'on parle de carrière dans l'Éducation nationale et du problème de la stabilité des équipes, un sujet clé est celui des zones d'éducation prioritaire et tout particulièrement des REP + où les conditions de travail sont telles que les professeurs cherchent à fuir. *Le système actuel d'affectation des jeunes enseignants* a pour effet que le dernier arrivé est confronté à la plus grande difficulté et cherchera ainsi à muter le plus rapidement possible vers les centres-ville ; cela avec un impact très négatif sur la stabilité des équipes et donc sur la pédagogie. C'est sans doute *le problème le plus crucial en matière de ressources humaines* et celui qui demande la plus grande énergie réformatrice.

Pour inverser la situation, stabiliser les équipes, conforter les professeurs dans leur volonté d'engagement, il faut donc penser une transformation radicale des conditions de travail dans l'éducation prioritaire. Cela pourrait, par exemple, se traduire en REP + d'abord, puis dans l'éducation prioritaire tout entière, par trois séries de mesures :

• D'abord, pour les néotitulaires, constituer des équipes en amont de l'affectation, en s'appuyant par exemple sur les solidarités créées au cours des années d'études et permettre les vœux collectifs d'affectation. Il faut aussi veiller à *favoriser l'existence de plusieurs générations de professeurs* au sein d'une même école ou d'un même établissement.

• S'agissant des conditions de vie personnelle des professeurs, le soutien matériel peut passer par une aide totale ou partielle pour les frais d'un logement non éloigné de l'établissement[12].

• Sur le plan des conditions d'exercice, on doit trouver ici toutes les conséquences des perspectives tracées dans les chapitres précédents. La liberté, laissée à l'établissement pour l'organisation et la gestion de ses heures, doit permettre d'alléger de façon ciblée les classes et d'organiser le parcours pédagogique par groupes de compétences.

Ce type d'approches n'a de sens que s'il s'accompagne d'au moins deux autres piliers :

• Tout d'abord, *une forme de contractualisation*, par exemple avec des postes à profil sur la base du volontariat dans le cadre des règles actuelles et des politiques pédagogiques volontaristes dans ces établissements ; ensuite, la mise en place d'un soutien au pilotage venu de l'extérieur pour s'assurer que la dynamique est positive.

• Ce scénario permet de repenser totalement le financement de l'éducation prioritaire. Elle coûte aujourd'hui près de 1 milliard d'euros sans résultat particulier. Ces fonds seraient désormais au bénéfice de cette nouvelle organisation des écoles et des établissements ainsi que des allègements d'effectifs au primaire, notamment sur les niveaux stratégiques que sont la grande section et le CP. Ainsi, il deviendrait possible de changer véritablement la donne.

REPENSER L'ORGANISATION DU TRAVAIL DES PROFESSEURS

Aujourd'hui, la définition du temps de service des professeurs est trop rigide, avec une organisation hebdomadaire figée qui ne correspond plus à la réalité de leurs missions. Ce décalage sera encore plus important lorsqu'on offrira la possibilité aux professeurs de prendre des responsabilités dans leur école et leur établissement.

Des obligations réglementaires de service repensées devraient ainsi intégrer l'ensemble des activités effectuées au sein de l'établissement et non plus seulement le temps d'enseignement. Cela pourrait se faire dans le cadre d'une *annualisation du temps de travail.* Ce nouveau schéma pourrait comprendre un temps d'enseignement plafonné et un forfait global pour toutes les autres missions, l'ensemble dessinant un temps annualisé encadré par une convention nationale collective. Dans ce nouveau système, il n'y aurait plus d'indemnité de suivi et d'orientation des élèves (ISOE), de temps de décharges, d'heures supplémentaires/année (HSA), d'heures supplémentaires effectives (HSE), d'heures statutaires de coordination pédagogique, mais une rémunération tenant compte de la réalité du travail du professeur, modulée en fonction des prises de responsabilités et des formes d'engagement. Le système deviendrait à la fois plus lisible, plus cohérent et plus incitatif.

Ce schéma aurait en outre l'avantage de *faciliter le rapprochement entre l'organisation de l'école primaire et celle du premier cycle du secondaire*, rapprochement nécessaire au renforcement de la coordination interdegré. Ce schéma permettrait également de répondre au problème épineux du remplacement de courte durée.

L'annualisation aurait le mérite de rendre le système plus lisible et plus agile pour mieux correspondre à la réalité de l'activité et des besoins. Cette évolution pourrait être déployée progressivement : avec une expérimentation dans une académie ou département, en primaire et au collège. Cette mesure aurait un impact budgétaire limité. La Cour des comptes a indiqué, dans son rapport de mai 2013, qu'elle pourrait notamment améliorer les remplacements pendant les pics d'absence, en hiver tout particulièrement. L'annualisation pourrait donc avoir un important impact qualitatif.

VERS LA RECONNAISSANCE DU MÉRITE DES PROFESSEURS

Enfin, une refonte complète des carrières et de la gestion des ressources humaines dans l'Éducation nationale devrait permettre de prendre en compte l'engagement et les résultats obtenus par les professeurs. Cela pourrait se traduire, pour les professeurs, par l'introduction d'*une part de rémunération variable, fondée sur l'atteinte d'objectifs individuels et collectifs*, définis conjointement par le chef d'établissement et les professeurs. Il s'agit de reconnaître l'engagement dans l'établissement et les réussites des professeurs sur la base des résultats et des progrès de leurs élèves. Il faudra pour cela élaborer un instrument de mesure à partir de tests passés par les élèves en début et en fin d'année. Cette observation doit s'effectuer sur plusieurs années. Cela revient donc à valoriser l'« effet-maître » et à reconnaître les résultats des stratégies pédagogiques mises en place pour faire réussir les élèves.

CONCLUSION

Attirer les talents, reconnaître l'engagement et le mérite sont donc des clés essentielles pour restaurer l'autorité du professeur et mieux répondre aux besoins des élèves. Pour cela, l'Éducation nationale doit donc faire un effort majeur de valorisation des ressources humaines aux niveaux individuel et collectif. Cela passe à la fois par une imprégnation progressive pour ceux qui se destinent à l'enseignement, par une refonte des parcours pour favoriser la stabilité des équipes et la coexistence de plusieurs générations de professeurs et par une revalorisation du niveau des rémunérations des professeurs pour l'aligner sur celui de leurs homologues européens sur des bases qui permettent en même temps la transformation du système.

MESURES CLÉS POUR TRANSFORMER LES CARRIÈRES DE PROFESSEURS

1. Mettre en place, pour les étudiants qui se destinent au métier de professeur, un dispositif d'imprégnation progressive et de compagnonnage sur le modèle des études de médecine permettant d'acquérir une connaissance du système éducatif et une expérience de l'enseignement.
2. S'appuyer sur les étudiants en service dans l'école ou l'établissement pour remplacer instantanément un professeur absent. L'annualisation, voire une approche pluriannuelle, du temps de travail des professeurs permettra également d'apporter une réponse rapide à ce problème.
3. Conforter l'agrégation et faire évoluer les CAPES et CRPE pour prendre en compte à la fois la qualité académique et la qualité éducative, attestée notamment par les expériences en école et en établissement au cours des études.
4. Fixer à cinq ans la durée de présence normale dans un établissement. Faire de cette période de cinq ans la durée

normale d'exercice dans un poste pour toutes les fonctions de responsabilités de l'Éducation nationale (chef d'établissement, recteur…), parfois renouvelable une fois.

5. Favoriser le travail en équipe autour du chef d'établissement en permettant aux professeurs l'accès à des fonctions de responsable de niveau et de responsable de discipline.
6. Permettre aux chefs d'établissement de conserver quelques heures d'enseignement dans leur discipline d'origine.
7. Autoriser l'affectation de professeurs des écoles en collège et inversement de professeurs du secondaire dans les écoles.
8. Inciter à la prise de responsabilités dans le système éducatif en décloisonnant les corps : faciliter l'accès des professeurs à des missions d'inspection, créer un corps unique IPR-chefs d'établissement.
9. Généraliser le recrutement sur profil par le chef d'établissement.
10. Repenser la formation continue dans l'Éducation nationale en misant sur le digital et en concentrant les actions sur les priorités du système éducatif : l'acquisition du langage et l'apprentissage des savoirs fondamentaux.
11. En REP + d'abord, puis dans l'Éducation prioritaire, diviser par deux la taille des classes et améliorer les conditions de logement, de vie et de salaire.
12. Aller vers une annualisation du temps de travail des professeurs pour mieux prendre la réalité et la diversité de leurs missions.
13. Introduire des mécanismes de reconnaissance du mérite des professeurs pour la carrière et la rémunération.
14. Favoriser les logiques de seconde carrière pour sortir et entrer dans l'Éducation nationale.

L'organisation du système éducatif

« Quand on affronte les problèmes de demain avec les organisations d'hier, on récolte les drames d'aujourd'hui. »

Michel CROZIER.

La question de l'organisation territoriale du système éducatif et plus largement de la gouvernance n'a de sens que si elle est au service des grands objectifs et des priorités définis pour les différents niveaux d'enseignement, tels que nous les avons vus dans les précédents chapitres.

Dans ce domaine, l'enjeu est de parvenir à surmonter l'opposition stérile entre enseigner et administrer qui guette tout système d'éducation. Qu'il s'agisse du primaire, du secondaire ou du supérieur, tous les systèmes éducatifs de tous les pays sont confrontés à cet enjeu. Or l'un ne va pas sans l'autre. Si la finalité de l'éducation est bien de former les jeunes générations, cela passe nécessairement par l'enseignement. Mais, à l'échelle d'une communauté humaine, l'enseignement suppose l'introduction de standards ou d'objectifs collectifs et la mise en place de fonctions d'administration, de gestion, d'évaluation. L'organisation et la transmission, l'administration et l'enseignement sont ainsi les deux volets nécessaires d'un système éducatif. Il faut donc chercher à créer de l'équilibre et de la confiance entre ces deux dimensions.

Surtout, il faut, à chaque échelon du système éducatif, et particulièrement au niveau de l'école et de l'établissement, rechercher la réussite. Pour cela, il faut à la fois diffuser de la confiance et trouver un équilibre entre l'autonomie, la responsabilisation et la capacité à rendre des comptes. Cela ne peut se faire qu'en donnant du pouvoir aux acteurs pour qu'ils assument des responsabilités et prennent des initiatives. Là encore, cela passe par la confiance et par un soutien constant de tous les échelons du système éducatif aux acteurs de terrain.

Ce que nous enseigne l'expérience

L'expérience française a créé une forme de rigidification qui a contribué à rendre le système illisible.

• Rigide d'abord, parce que les acteurs, professeurs et administratifs, ne sont pas toujours en fonction là où ils aimeraient être. C'est bien sûr le cas pour les professeurs, on l'a vu dans le chapitre précédent. Mais c'est également le cas pour les cadres et le système n'a pas suffisamment de souplesse avec ses cadres, compte tenu de l'absence de perméabilité entre les corps et les fonctions. Cette rigidité contribue à l'installation de situations négatives, avec parfois une méfiance réciproque qui nuit au bout du compte aux élèves.

• Illisible ensuite, parce que les fonctions d'inspection sont particulièrement ambiguës. En effet, dans le premier degré, l'inspecteur est à la fois chef administratif et contrôleur pédagogique. Mais en réalité il ne parvient à être pleinement aucun des deux. Dans le second degré, l'inspecteur conserve son aura, sans qu'il ait véritablement d'autorité sur les professeurs, si ce n'est une autorité mythique liée à la peur de l'inspection... qui n'intervient que rarement et sans véritable conséquence.
• Illisible enfin, depuis que la loi a créé treize nouvelles régions sur le territoire métropolitain et conduit l'Éducation nationale à ajouter un échelon organisationnel supplémentaire : la région académique, tout en maintenant les anciens recteurs d'académie préexistants. Alors que les autres services de l'État se sont réorganisés, l'Éducation nationale a pour le moment choisi le *statu quo*.

Réfléchir à l'organisation du système éducatif, c'est donc chercher à réconcilier les fonctions de direction et d'inspection et donc à se départir de la dichotomie actuelle.

Mais cela invite également à penser le rapport de l'enseignement au temps et à l'espace. En effet, le système éducatif français est historiquement centralisé. Jusque dans les moindres détails, tout a longtemps été fixé depuis la rue de Grenelle. Ainsi, on raconte qu'à la fin du XIXe siècle le ministre Jules Ferry consultait sa montre et relevait que, à cette heure, tous les écoliers de France étaient en train de faire une dictée sous la conduite de leur maître. Si cette centralisation a sans doute été nécessaire pour bâtir le système éducatif, réussir la scolarisation de tous les jeunes, les amener très progressivement à être assidus et réussir à élever progressivement le niveau de qualification, elle n'est plus adaptée aux enjeux du XXIe siècle. En effet, la diversité des publics et des contextes d'enseignement demande des réponses diversifiées, et notamment l'affirmation de projets pédagogiques singuliers pour souligner les atouts spécifiques et renforcer l'attractivité de chaque établissement. En outre, l'engagement et la prise de responsabilités des professeurs sont des facteurs de cohésion et de progrès collectif, là où la centralisation et la séparation factices entre pédagogie et administration tendent à déresponsabiliser les acteurs.

Les lois de décentralisation des années 1980 ont transféré la responsabilité matérielle des écoles aux communes, des collèges aux départements et des lycées aux régions. En outre, depuis 2006, les personnels ouvriers affectés en collèges ou lycées sont placés sous la tutelle des collectivités locales de rattachement. Mais la pédagogie est restée très longtemps centralisée.

Au cours des dernières années, la tendance a pourtant été à la déconcentration. Ainsi l'article 34 de la loi d'orientation et de programme pour l'avenir de l'école de 2005 a ouvert un droit à l'expérimentation, que le ministère n'a sans doute pas suffisamment valorisé et dont les acteurs ne se sont pas pleinement saisis, même si cela a permis de nombreuses initiatives dans les territoires les plus dynamiques. Par ailleurs, les réformes successives du lycée en 2011 et du collège en 2016 offrent aux chefs d'établissement des marges d'autonomie croissantes avec la possibilité d'affecter plus librement une partie de la dotation horaire. L'expérimentation ECLAIR menée pour l'égalité des chances allait aussi dans ce sens, en donnant au chef d'établissement la possibilité de recruter ses professeurs sur profil.

Si la tendance est donc à la déconcentration, le principe de subsidiarité ne semble pas encore être pleinement entré dans les pratiques de l'Éducation nationale. Tout se passe en fait comme si, dans l'inconscient collectif français, l'autonomie tendait à affaiblir le caractère national du système éducatif. C'est sans doute ce réflexe jacobin, profondément ancré, qui explique la difficulté à avancer vers la responsabilisation croissante des acteurs de terrain.

Ce que nous enseigne la comparaison internationale

En matière d'organisation, la comparaison n'est guère aisée. En effet, la France est quasiment un des seuls pays à avoir opté pour la centralisation en matière d'éducation, quand partout ailleurs la décentralisation et l'autonomie prédominent. C'est une donnée de départ qui explique que ce qui se passe ailleurs puisse apparaître très différent. D'ailleurs, il est très intéressant d'observer que le « choc PISA » allemand du début des années 2000 s'est traduit par un renforcement des cadres nationaux avec la mise en place de *Bildungsstandards* ou standards nationaux et l'introduction de mécanismes de coordination entre les Länder dans le cadre de la Kultusministerkonferenz.

Pour autant, ce constat liminaire ne doit pas constituer un obstacle définitif à l'examen de ce qui se pratique ailleurs. En effet, les expériences étrangères peuvent constituer des références pour nourrir le principe de subsidiarité, qui va guider la réflexion sur ce qu'il faut faire, tout en préservant un cadre national au système d'éducation.

Au Québec, la commission scolaire constitue une sorte de gouvernement local, qui gère l'enseignement sur un territoire et dans l'une des langues officielles, l'anglais ou le français. Chaque commission scolaire embrasse l'ensemble de l'enseignement, de l'école jusqu'à la fin du secondaire, ainsi que la formation professionnelle et la formation des adultes. Le Québec compte 72 commissions scolaires, 60 de langue française, 9 de langue anglaise, 2 pour les autochtones et une qui articule le français et l'anglais. Ces commissions peuvent avoir des tailles très diverses. Ainsi, la Commission scolaire de Montréal a en charge, à elle seule, près de 90 000 élèves pour un total de près de 900 000 élèves au Québec. La commission de la vallée des Tisserands s'occupe quant à elle, de 7 800 élèves au primaire et secondaire, 2 000 en formation continue et 800 en formation professionnelle.

Les commissions scolaires ont pour mission d'organiser l'éducation. Dans le détail la commission scolaire :

- « s'assure que les élèves de son territoire, jeunes et adultes, reçoivent les services éducatifs auxquels ils ont droit ;
- répartit équitablement les ressources entre ses établissements, en tenant compte des besoins exprimés et des inégalités sociales et économiques ;
- organise et offre des services à la communauté. Ces services peuvent être de nature culturelle, sociale, sportive, scientifique ou communautaire ;
- participe à l'élaboration de divers plans stratégiques en région (loisir, culture, emploi, économie, santé et services sociaux, sécurité publique) ;
- rend des comptes auprès du ministre de l'Éducation, du Loisir et des Sports du Québec et auprès de la population de son territoire[1] ».

Les commissions scolaires sont gérées par des « commissaires », qui pilotent les services administratifs. Élus au suffrage universel pour une durée de quatre années, les commissaires scolaires sont ainsi appelés à rendre régulièrement des comptes devant les électeurs du territoire. Fondé sur le principe démocratique, le système des commissions scolaires permet une participation active des citoyens au débat éducatif[2].

Parallèlement, le modèle des *charter schools* américaines constitue une référence intéressante pour formuler, au plus près du terrain, des réponses adaptées aux difficultés les plus importantes. En effet, depuis 1991, les États-Unis ont mis en place un nouveau type d'écoles laïques et accessibles à tous : les *charter schools,* financées sur fonds publics mais créées le plus souvent à l'initiative de parents ou d'enseignants dans des quartiers défavorisés. La puissance publique soutient directement ce dispositif en versant à l'école, pour chaque élève, une somme équivalant à ce qu'il aurait coûté dans une structure publique classique.

Chaque *charter school* définit sa propre charte, sorte de projet pédagogique ambitieux qui fédère l'ensemble des acteurs de l'établissement et fixe les résultats à atteindre. Pour y parvenir, l'école dispose d'une très grande latitude dans l'application des programmes d'enseignement et le recrutement de ses professeurs. Ces écoles sont évaluées tous les trois à cinq ans sur leur capacité à atteindre les objectifs fixés dans la charte et donc sur les résultats des élèves. Si ce n'est pas le cas, les autorités peuvent choisir de retirer l'agrément et les financements.

Liberté, autonomie et responsabilisation sont ainsi les principes directeurs qui fondent les *charters schools.* Ces dispositions contribuent à attirer des professeurs très dynamiques et favorisent l'implication de l'ensemble des acteurs en faveur des objectifs spécifiques fixés dans la charte.

Aujourd'hui, environ 6 000 *charters schools* accueillent plus de 2 millions d'élèves aux États-Unis.

Cependant, des études montrent que les *charter schools* ou les *free schools* ont des effets positifs faibles, aussi bien aux

États-Unis[3] qu'en Angleterre[4] eu égard à leur coût important. Ces études démontrent que l'autonomie seule n'a pas d'effet. À l'inverse, la puissance de l'« effet-maître » apparaît comme un enjeu majeur pour toute rénovation du système scolaire, qu'il faut en permanence cultiver et favoriser (voir chapitre précédent). L'autonomie n'est pas une solution magique. Elle doit s'accompagner d'un travail sur la formation des professeurs (« effet-maître ») et sur la régulation de l'autonomie par des repères nationaux et un système de responsabilisation.

Ce que nous enseigne la science

En 2010, le cabinet McKinsey a publié une étude intitulée « Les clés de l'amélioration continue des systèmes scolaires[5] ». Fondée sur l'observation d'une vingtaine de systèmes éducatifs du monde entier, qui avaient tous pour trait commun d'avoir accompli des progrès importants, ce rapport dégage des pistes de progrès communes. L'étude montre en particulier que la question de la centralisation, ou à l'inverse de l'autonomie laissée aux acteurs de terrain dépend en fait du niveau de performance des systèmes. Ainsi, « alors que les systèmes éducatifs les moins performants s'améliorent principalement grâce à des initiatives dictées par les administrations centrales, afin de définir et de diffuser des pratiques d'enseignement cohérentes pour les écoles et les enseignants, cette approche n'est plus adaptée dès lors que les systèmes atteignent un bon niveau de performance ». Dans les systèmes considérés comme performants, les résultats peuvent continuer à s'améliorer si le centre accepte de laisser des marges de manœuvre croissantes aux acteurs régionaux ou locaux pour leur permettre d'adapter l'enseignement aux contextes et aux besoins du terrain. L'étude cite d'ailleurs Singapour comme un exemple de ce processus vertueux de subsidiarité croissante. Ainsi : « Singapour illustre bien la manière dont un système éducatif accorde davantage de latitude au terrain au fur et à mesure qu'il accroît son niveau de performance. D'abord très centralisé dans les années 1960 et 1970, alors que la performance était encore faible, l'État de Singapour a assoupli le système une première fois en 1988 pour accélérer le progrès vers une bonne performance, puis une deuxième fois en 1994, lui permettant ainsi d'atteindre son niveau actuel de très bonne performance. »

La même étude insiste également sur l'importance des structures régionales pour améliorer et consolider les performances. Le Canada apporte, sur ce point, une réponse institutionnelle originale avec le modèle des commissions scolaires, qui a le mérite d'impliquer très fortement la société, à commencer par les familles, dans le pilotage de l'éducation.

Ce qu'il faut faire

Pour répondre aux besoins des élèves et à l'exigence de réussite, l'enjeu est donc double en matière d'organisation du système éducatif :

- penser la relation entre les niveaux de territoire ;
- dépasser la tension entre la fonction d'administration et la fonction d'enseignement.

Dans les deux cas, la solution passe par l'équilibre et la confiance entre les différentes dimensions. Pour y parvenir, le levier principal est la responsabilisation de tous les acteurs, qui repose sur deux principes fondamentaux : la responsabilité et la contractualisation.

Pour cela, le principe de *subsidiarité* doit guider la réflexion. L'unité nationale et l'égalité sont évidemment des préalables, mais l'efficacité est atteinte grâce au principe de subsidiarité, en responsabilisant les acteurs au plus près du terrain et en affirmant que chacun doit faire tout ce qui est en son pouvoir à l'échelle la plus petite.

Le deuxième principe est celui de la *contractualisation.* Il faut, là encore, responsabiliser par le contrat. Cela suppose de donner à la notion de contrat un sens plus fort que celui qu'elle a eu jusqu'à présent, pour le privé comme pour le public. Cette notion existe dès à présent dans le système éducatif et s'incarne notamment dans les projets d'établissement. Mais, bien souvent, la contractualisation demeure une fiction ou un vœu pieux sans réel effet. Dans le futur, il faudra responsabiliser les acteurs de terrain, les professeurs, les chefs d'établissement, qui sont au plus près des besoins des élèves et donc les mieux à même d'identifier les stratégies pour y répondre.

Sur la base de ces principes, il faut penser la question de la relation entre les niveaux de territoire et le rôle des différents acteurs du système éducatif.

Scénario fondamental

Un premier scénario consiste à *conserver l'organisation actuelle du système éducatif,* mais à faire évoluer les missions des acteurs pour répondre aux défis et aux besoins clairement identifiés et à donner à la contractualisation un sens beaucoup plus fort qu'aujourd'hui. La recherche de la performance, grâce à l'autonomie, la responsabilité et la qualité de l'encadrement, doit être un objectif constant.

Ainsi, si l'organisation en rectorats et directions académiques des services de l'Éducation nationale peut être conservée, des évolutions sont nécessaires dans les écoles et les établissements scolaires.

À l'école, on l'a vu, l'enjeu est pédagogique avant d'être organisationnel. Faire évoluer les statuts pour créer 45 000 postes de directeurs d'école paraît hors d'atteinte en termes budgétaires. Il faut donc chercher, dans le cadre existant, à renforcer le pilotage pédagogique des écoles avec comme enjeu majeur la prise en charge des niveaux stratégiques que sont la grande section et le CP par les professeurs les plus expérimentés.

Dans le secondaire, l'enjeu est également de *rapprocher les fonctions d'administration et la pédagogie*. Pour cela, on l'a vu à plusieurs reprises, il faut promouvoir les approches collectives et favoriser la constitution d'une équipe autour du chef d'établissement. Les dimensions de cette équipe peuvent aller de 5 à 10 personnes, en fonction de la taille de l'établissement. Elle comprendra le chef, son adjoint, le professeur documentaliste, des professeurs responsables de niveau et de discipline.

L'efficacité de ce nouveau fonctionnement suppose que le chef d'établissement ait la maîtrise du recrutement, *a minima* de l'équipe qui l'entoure. Ainsi, les enseignants qui prendront des responsabilités particulières seront recrutés par le chef d'établissement sur des postes à profil, ce qui peut d'ailleurs se faire dans le cadre administratif existant. Le principe du recrutement sur profil par le chef d'établissement pourrait d'ailleurs être généralisé, comme cela se pratique dans de très nombreux pays. On l'a vu, cela permettrait de rompre avec la pratique purement administrative de gestion des ressources humaines qui a dominé jusqu'à présent et surtout de faire véritablement correspondre les talents des professeurs avec les besoins des élèves.

Par ailleurs, pour assurer la mise en œuvre des projets d'établissement et favoriser l'obtention de résultats tangibles, il faut favoriser la continuité dans l'action éducative. Ainsi, il doit y avoir une symétrie entre la durée de la fonction du chef d'établissement et le contrat. De ce point de vue *un mandat de cinq ans, renouvelable une fois,* représenterait sans doute une durée optimale. Ce principe pourrait être appliqué aux différents niveaux du système éducatif, par exemple pour les directeurs académiques et pour les recteurs, qui resteraient ainsi plus longtemps en fonction qu'actuellement. Il serait également souhaitable que l'action du ministre s'inscrive dans la durée.

Dans ce cadre, la philosophie même de l'inspection doit être profondément remaniée. Ainsi, l'inspecteur doit être celui qui vient voir comment l'établissement fonctionne sur la durée, qui évalue la qualité du fonctionnement en équipe, avec des résultats communiqués aux familles. À l'intérieur de l'établissement, c'est plutôt le directeur d'école et le chef d'établissement qui pourront porter un regard sur le travail des professeurs, en lien bien évidemment avec les analyses des inspecteurs et avec des possibilités de recours, par exemple auprès du recteur, en cas de désaccord fondamental. Dans tout ce nouveau processus, les résultats des élèves deviennent le critère majeur d'évaluation. Les inspections doivent donc évoluer pour devenir des missions de conseil, plus collectives, plus constructives et plus transparentes.

Pour faire évoluer en profondeur la culture de l'inspection, il apparaît d'ailleurs nécessaire de décloisonner et de favoriser le passage des fonctions de direction aux fonctions d'inspection et *vice versa*.

Enfin, dans le cadre de ce scénario fondamental, il faut se poser la *question de la différenciation*. Certains territoires, notamment les plus difficiles, ont besoin d'un maillage beaucoup plus serré, d'un accompagnement ou d'un soutien renforcé, de l'apport momentané de cadres ou de professeurs expérimentés. Dans ce domaine, il faudra se réserver le droit de recourir à l'expérimentation dans les territoires dont les besoins sont les plus forts. Et c'est sous cet angle qu'il convient se poser la question des directeurs d'école : là où la difficulté scolaire est la plus forte, il peut s'avérer pertinent de faire l'investissement budgétaire pour favoriser l'émergence de directeurs d'école « à temps plein », agissant en patrons, capables de construire et de consolider la relation avec des familles, souvent éloignées des enjeux scolaires. C'est ainsi, par la différenciation, que l'on pourra répondre à la diversité des territoires, des problématiques et donc des besoins.

Dans ce cadre, le système éducatif doit continuer à respecter l'enseignement privé, qui apporte aujourd'hui une grande contribution à l'accomplissement du service public d'éducation, selon les principes constitutionnels solides qui organisent cela en France aujourd'hui. L'enseignement privé pourrait être un partenaire plus important encore du service public par sa capacité à expérimenter et à accompagner certains des grands enjeux sociaux et sociétaux de notre temps.

Scénario optimal

Au-delà de ces leviers d'amélioration, il faut savoir prendre du recul et s'interroger sur la finalité de l'organisation du système éducatif. Il est une évidence qu'il faut rappeler, et tout le cheminement proposé jusqu'ici y concourt, c'est que le système éducatif n'ira bien que si les écoles et les établissements scolaires vont bien. Le système n'existe que pour le service qu'il rend. L'objectif premier, voire exclusif de l'organisation éducative est de compter des écoles et des établissements qui fonctionnent. L'enjeu est donc la qualité de l'encadrement intermédiaire. C'est là la condition de l'efficacité, dans un fonctionnement qui doit privilégier l'autonomie et le leadership avec leurs corollaires que sont la responsabilité et la qualité de l'encadrement. Au fond, il s'agit de responsabiliser les acteurs, mais dans le cadre d'un système attentif à ses performances. Une fois encore, pour véritablement progresser, le système éducatif doit rechercher l'équilibre.

Pour y parvenir, il faut être en mesure de formuler *un diagnostic lucide, objectif et global* concernant les écoles et les établissements. Or c'est précisément ce qui manque aujourd'hui en raison des frontières que nous avons soulignées entre pédagogie et administration. Il faut partir de l'établissement lui-même et penser son évaluation, en reprenant l'esprit collectif et global évoqué précédemment mais de manière beaucoup plus structurée et systématique. Pour cela, on pourrait proposer une *évaluation de chaque établissement tous les trois ans*, dans le cadre d'une mission générale, qui s'intéresserait aussi bien aux dimensions administratives, allant de l'entretien du bâtiment jusqu'à la propreté des cuisines en passant par l'accueil, les relations avec l'environnement, les activités périscolaires. Cette évaluation pourrait déboucher sur *un contrat passé entre l'établissement et l'académie*, qui constituerait la base de la prochaine évaluation.

Ce dispositif est très exigeant puisque, selon le principe triennal, il s'agit d'évaluer 11 400 collèges et lycées (9 800 si les lycées professionnels étaient transférés aux régions). Cela signifie 3 000 à 4 000 évaluations par an. Cela suppose de définir précisément la composition des équipes d'évaluation et les besoins associés. Il faut ainsi se poser la question de la création d'une agence d'évaluation, au fait des grands enjeux scientifiques et des pratiques internationales, qui engloberait les missions d'inspection actuellement confiées aux rectorats. Cela amène aussi à poser la question du rôle des inspections générales dans le système éducatif de demain. *A minima*, les deux inspections générales devraient fusionner.

L'élaboration de ce diagnostic renforcera le *pouvoir du chef d'établissement* en l'aidant à transcender les clivages traditionnels entre pédagogie et administration et en lui permettant de fédérer son équipe au service du projet. Dans ce cadre, la notion d'inspection s'efface donc pour laisser place d'une part à l'évaluation de l'établissement par une mission extérieure et, d'autre part, à l'évaluation par le chef d'établissement de la contribution des acteurs de l'établissement, et en particulier les professeurs dans leurs missions. Là encore, l'objectivité doit être la règle et cette évaluation doit être fondée sur des résultats observables des élèves, sur la capacité à les faire progresser aux tests et sur l'engagement au sein de l'établissement. Dans cette mission, le chef d'établissement bénéficiera du regard disciplinaire et pédagogique apporté par les IPR. Une procédure de recours auprès d'une autorité extérieure sera prévue en cas de désaccord entre le professeur et le chef d'établissement sur les objectifs ou les résultats.

Cette nouvelle conception de l'évaluation suppose que le chef d'établissement connaisse très bien chacun de ses professeurs. Cela ne sera possible que dans le cadre du travail en équipe évoqué précédemment, qui permet aussi au chef d'établissement de concentrer davantage de temps à la relation avec les professeurs. Cela suppose également d'alléger le travail d'enquête et de remontée qui est actuellement extrêmement chronophage pour les chefs d'établissement. Cela suppose enfin que ces derniers s'inscrivent dans la durée, comme on l'a vu précédemment. Ce sont là les conditions pour que le chef d'établissement devienne véritablement le patron de son établissement, qui plus est d'un établissement qui fonctionne bien !

Ces principes de responsabilisation des chefs d'établissement et de recherche de la performance supposent de *repenser les modes de rémunération*. Dans un tel système, il faudra savoir valoriser de manière vigoureuse la performance. On pourrait d'ailleurs imaginer qu'une évaluation positive se traduise par des moyens supplémentaires à la fois pour les acteurs, en particulier le principal ou le proviseur, et pour l'établissement, permettant ainsi la mise en œuvre de nouveaux projets. À l'inverse, une mauvaise évaluation doit se traduire par un accompagnement renforcé et un soutien en vue de l'évaluation suivante. Cette dernière pourrait d'ailleurs intervenir au bout de deux années au lieu de trois.

Ce travail d'évaluation sera aussi l'occasion de *réorganiser et de rationaliser la carte des établissements*. Cela doit se faire en souplesse, mais sera l'occasion de dégager des marges de manœuvre, notamment en regroupant des établissements de petite taille.

Même dans ce scénario optimal, il n'apparaît ni possible ni même souhaitable de faire évoluer le statut des écoles. En revanche, il faut profondément remanier le niveau supérieur, celui où est aujourd'hui en place l'inspecteur de l'éducation nationale (IEN).

En effet, dans une *logique d'échelle efficace*, il convient de repenser les niveaux intermédiaires. Cela suppose d'abord de faire émerger une circonscription, plus proche du terrain que ne l'est aujourd'hui le département. Cette circonscription pourrait avoir les contours de ce qu'est aujourd'hui la circonscription de l'IEN, mais elle ne concernerait pas seulement le premier degré. Il s'agirait de la circonscription de l'école fondamentale, couvrant l'école et le collège. À sa tête, il y aurait un responsable administratif et pédagogique. Cette nouvelle organisation amène à poser la question du rapprochement entre les principaux de collège et les IEN, chacun pouvant par alternance exercer des fonctions en établissement ou des fonctions de pilotage d'une circonscription. Cette vision est très éloignée des pratiques actuelles de l'Éducation nationale, mais aurait un effet profond qui permettrait de dépasser la coupure historique et hélas bien ancrée entre l'élémentaire et le collège.

La mission de cette circonscription nouvelle serait d'abord pédagogique, avec pour objectif de concentrer les efforts sur les priorités que sont lire, écrire, compter, et respecter les autres. Il faut d'ailleurs se poser la question de l'implication de la société civile, et en particulier des familles dans l'administration de ce nouvel échelon, à la manière de ce qui a lieu au Canada, avec les commissions scolaires. En miroir, on l'a déjà évoqué, les proviseurs et les IPR pourraient être rapprochés dans *un corps nouveau*, avec une ouverture vers le supérieur dans une logique articulée autour de bac - 3/bac + 3. De nouveau, cela permettrait de mettre un terme à la dualité hiérarchique entre pédagogie et administration. En outre, ce rapprochement aurait un effet positif dans la gestion des ressources humaines, permettant une fluidité plus grande et des carrières plus ouvertes et plus transparentes aussi.

Sans aller jusqu'à transposer le système québécois d'élection des responsables des circonscriptions éducatives, qui ne correspond pas à la tradition française, on doit néanmoins développer les mécanismes de participation des familles. La nouvelle organisation territoriale projetée faciliterait cela car le responsable de la circonscription aurait dans sa mission le dialogue permanent avec les représentants des parents d'élèves et ce travail avec les parents, inspiré par le dispositif « Mallette des parents » élargi, conduirait à la véritable coresponsabilité de l'éducation. *On parle aujourd'hui souvent de coéducation. On devrait demain parler de coresponsabilité éducative.*

Pour les autres niveaux d'organisation, deux options sont possibles :

• La première consisterait à s'adosser à la carte générale de l'organisation de l'État et de mettre en place treize académies sur le territoire métropolitain, contre trente actuellement. Entre ce « super-recteur », devenu stratège, coordonnant les missions d'évaluation et d'organisation, l'accompagnement et l'appui aux circonscriptions et aux lycées, le niveau départemental pourrait être maintenu, les IA-DASEN devenant des adjoints des recteurs en département, notamment en charge de toute la dimension gestion et administration. Cette organisation a deux mérites : la simplification et la proximité grâce à la mise en place de circonscriptions de la scolarité obligatoire, centrées sur la pédagogie.

• Une seconde hypothèse, plus radicale, consisterait à privilégier la proximité et à concentrer la pédagogie et l'administration au sein de la circonscription nouvelle. Cela entraînerait une transformation importante, avec pour enjeu la bonne répartition des fonctions administratives et de gestion entre le nouvel échelon et le rectorat.

MESURES CLÉS POUR L'ORGANISATION DU SYSTÈME ÉDUCATIF

1. Renforcer la notion de contrat dans le système éducatif.
2. Renforcer le pilotage pédagogique des écoles et veiller à la prise en charge de la grande section et du CP par les professeurs les plus expérimentés.
3. Promouvoir la constitution d'une équipe autour du chef d'établissement en encourageant les professeurs à prendre des responsabilités. Le recrutement de cette équipe pourra se faire *via* des postes à profil.
4. Alléger le travail d'enquête et de remontée du chef d'établissement pour lui permettre de se concentrer sur la mise en œuvre du projet et le travail avec les professeurs.
5. Fixer à cinq ans, renouvelables une fois, la durée de la mission du chef d'établissement.
6. Favoriser l'expérimentation dans les territoires où les besoins sont les plus forts : par exemple créer des postes de directeur d'école à temps plein là où la difficulté scolaire est la plus forte.

7. Repenser profondément la logique de l'inspection : promouvoir une évaluation triennale de l'établissement, dans toutes les dimensions, par une équipe du rectorat. Cette évaluation débouche sur un contrat faisant l'objet d'un accompagnement régulier, notamment en cas de difficulté spécifique.
8. Tendre vers une évaluation des professeurs par le chef d'établissement, avec l'appui d'experts disciplinaires.
9. Rationaliser la carte des établissements en promouvant les fonctionnements en réseau.
10. Faire émerger des circonscriptions de la scolarité obligatoire, correspondant aux actuelles circonscriptions des IEN ou aux bassins et permettant de dépasser la tension entre administration et pédagogie et la coupure école/collège.
11. Repenser la carte de l'Éducation nationale en l'adossant à l'organisation territoriale de l'État avec treize rectorats métropolitains.

Conclusion

Une maternelle qui soit l'école du langage pour bien préparer l'acquisition des savoirs fondamentaux ; un élève qui sorte de l'école élémentaire en sachant lire, écrire, compter et respecter les autres ; un collège qui fortifie le socle commun de connaissances, de compétences et de culture pour tous les enfants de France en personnalisant leur parcours ; un lycée qui prépare à la vie future, qu'elle soit immédiatement tournée vers l'insertion professionnelle ou vers la poursuite d'études supérieures : voilà le tableau simple, net et précis qu'un ministère de l'Éducation nationale rénové peut proposer à l'ensemble de la nation française.

Au service de ces objectifs clairs : une organisation régénérée qui donne du pouvoir aux acteurs en respectant la figure du professeur et en lui transmettant la capacité d'initiative et d'action pour rénover, dans sa classe, le système au quotidien. Ce système, au plus près du terrain, changera ses méthodes d'évaluation et d'amélioration de ses performances grâce à une nouvelle politique des ressources humaines et à une nouvelle manière d'affecter ses moyens.

Les scénarios fondamentaux et optimaux qui ont été développés tout au long de ce parcours permettent de dessiner un chemin à la fois pragmatique et ambitieux pour atteindre ces objectifs. Les scénarios fondamentaux ont ainsi vocation à être déployés partout quand les scénarios optimaux pourront être mis en place dans une logique d'expérimentation. Les scénarios optimaux permettront ainsi de tester les hypothèses les plus volontaristes sur les terrains qui en ont aujourd'hui besoin de façon urgente. Il s'agira ensuite d'en évaluer précisément l'efficacité et d'en tirer toutes les conséquences.

Cela commence notamment par de nouvelles méthodes d'organisation du système. Dans les endroits où cela est le plus urgent en France aujourd'hui, on pourrait expérimenter une organisation territoriale nouvelle, permettant de vérifier de façon volontariste que l'ensemble des échelons de l'école fondamentale, c'est-à-dire de la maternelle jusqu'à la fin du collège, soient sur un terrain précis, impulsé, accompagné par les autorités de l'Éducation nationale, en partenariat et en soutien avec les chefs d'établissement, les directeurs d'école, les parents d'élèves, les élus locaux pour améliorer les situations.

Ces grands choix peuvent être au fondement d'une révolution qui unisse la société française autour de son école sur la base de grands principes que sont la confiance et l'équilibre.

Confiance d'abord parce que les décisions doivent désormais être prises en connaissance de cause des besoins du terrain et de ce qui fonctionne aujourd'hui en France et dans le monde. La confiance est aussi l'objectif que nous devons fixer *in fine* à notre système pour l'enfant. En effet, la confiance de l'institution vis-à-vis de ses professeurs, des professeurs dans l'institution, des parents vis-à-vis les professeurs, des professeurs vis-à-vis les familles, des élèves vis-à-vis des professeurs, des professeurs vis-à-vis des élèves, et finalement la confiance des élèves en eux-mêmes, constitue le socle des réussites pédagogiques et éducatives de nos enfants. Dans un monde en pleine transformation, du fait notamment des révolutions digitales, cette confiance pourra être atteinte grâce à un esprit d'équilibre. En effet, nous devons concilier la tradition et la modernité, ce qui nous enracine et ce qui nous déploie, ce qui relie les êtres humains et ce que permet la technologie, de façon à ce que nos enfants, nos élèves soient élevés dans un esprit de confiance en eux-mêmes, fondement de la confiance dans la société. Cet esprit de responsabilité, d'équilibre et de respect d'autrui pourra alors faire vivre mieux qu'aujourd'hui notre devise républicaine : Liberté, Égalité, Fraternité.

Notes

Introduction

1. Stanislas Dehaene, *Les Neurones de la lecture*, Odile Jacob, 2007.

L'école maternelle

1. Maria Montessori, *Pédagogie scientifique. La découverte de l'enfant*, Desclée de Brouwer, 1958.
2. Betty Hart et Todd Risley, « The early catastrophe », *Education Review*, 2004, 77 (1), p. 100-118.
3. Voir notamment Maria Montessori, *Pédagogie scientifique*, *op. cit.*, et Ewing Mortimer Standing, *Maria Montessori. Sa vie, son œuvre*, Desclée de Brouwer, 1995.
4. Haut Conseil de l'Éducation, *L'École primaire. Bilan des résultats de l'École*, 2007.
5. Entre 2000 et 2012, la part d'élèves en difficulté a augmenté de 124 % en mathématiques, de 24 % en lecture et de 10 % en sciences (OCDE, PISA 2012).
6. « Forte augmentation du niveau des acquis des élèves à l'entrée au CP entre 1997 et 2011 », note de la Direction de l'évaluation, de la prospective et de la performance (DEPP), novembre 2013.
7. Tout en conservant certains acquis, notamment la phonologie et le code alphabétique, les programmes de 2013 vont dans le sens inverse et sont moins ambitieux en n'assumant pas la continuité des apprentissages entre préélémentaire et élémentaire.

8. L'analyse de la dernière enquête PISA montre que « les élèves qui n'ont pas bénéficié d'une préscolarisation sont 1,84 fois plus susceptibles de se situer à l'extrémité inférieure de la répartition des élèves en fonction de la performance », OCDE, *Perspectives de l'éducation 2015. Les réformes en marche*, janvier 2015.
9. *Ibid.*
10. Bruno Suchaut, « La gestion du temps à l'école primaire : diversité des pratiques et effets sur les acquisitions des élèves », *L'Année de la recherche en éducation*, 1996, p. 23-153.
11. Alain Bentolila, *L'Acquisition du vocabulaire à l'école élémentaire*, Rapport au ministre de l'Éducation nationale, février 2007.
12. Pascal Bressoux, Marc Gurgand, Nina Guyon, Marion Monnet, Julie Pernaudet, « Évaluation des programmes de réussite éducative », *Rapport IPP n° 13*, mars 2016 (http://www.ipp.eu/wp-content/uploads/2016/03/evaluation-pre-prog-reussites-educ-rapport-IPP-mars2016.pdf).
13. Évaluation menée par le ministère de l'Éducation nationale, Cedre 2014, « Mathématiques en fin de collège : une augmentation importante du pourcentage d'élèves de faible niveau », *Évaluation des acquis des élèves. Note d'information n° 19*, mai 2015.
14. Éric Charbonnier, préface à *Le Numérique pour réussir dès l'école primaire*, Institut Montaigne, Rapport mars 2016.
15. The Carolina Abecedarian Project ou Perry Preschool.
16. Source PISA.
17. Note DEPP de février 2015. Cette situation s'est détériorée depuis la note précédente.
18. James J. Heckman, « The case for investing in disadvantages young children », *Big Ideas for Children : Investing in Our Nation's Future*, First Focus, 2008.
19. Joseph K. Torgesen, « Catch them before they fall : Identification and assessment to prevent reading failure in young children », *American Educator*, 1998, 22 (1-2), p. 32-39.
20. Voir Michel Zorman, Michel Duyme, Sophie Kern, Marie-Thérèse Le Normand, Christine Lequette, Guillemette Pouget, « "Parler bambin" un programme de prévention du développement précoce du langage », *Revue ANAE*, 2011, n° 112-113. Voir également l'interview de Michel Zorman pour le ministère de l'Éducation nationale : http://eduscol.education.fr/pid26573/webtv.html?mode_player=1&theme=211&video=218774.
21. Mouvement pédagogique né aux États-Unis dans les années 1960, la pédagogie explicite s'appuie sur des progressions structurées et rigoureuses, allant des notions les plus simples au plus complexes, qui respectent les aptitudes cognitives – la capacité à comprendre, à assimiler et à mémoriser – des élèves. Chaque leçon est structurée de façon identique : mise en situation, rappel des

prérequis, pratique guidée et autonome, révision, évaluation. L'enjeu est de focaliser explicitement l'attention de l'enfant sur ce qui est pertinent, sur ce qu'il devra retenir ; pour qu'il puisse saisir la difficulté spécifique de chaque exercice. Dans le contexte francophone, voir notamment le site de F et B Appy : http://www.formapex.com/.

22. Jean Decety, « L'empathie est-elle une simulation mentale de la subjectivité d'autrui ? », *in* Alain Berthoz, Gérard Jorland (éd.), *L'Empathie*, Odile Jacob, 2004, p. 53-88.
23. Brian Butterworth, Yulia Kovas, « Understanding neurocognitive developmental disorders can improve education for all », *Science*, 2013, 340 (6130), p. 300-305.
24. Voir notamment les travaux de Franck Ramus sur les difficultés d'apprentissage de l'enfant et leurs origines : http://www.college-de-france.fr/site/stanislas-dehaene/symposium-2012-11-20-10h30.htm ; ainsi que Hervé Glasel, *Une école sans échec. L'enfant en difficulté et les sciences cognitives*, Odile Jacob, 2013.
25. Voir le chapitre sur la carrière des professeurs.
26. En s'appuyant sur des expériences menées en Inde et au Kenya, l'économiste Esther Duflo a montré à quelles conditions l'apport aux côtés des professeurs de nouveaux acteurs – jeunes professeurs – suivant des méthodes précises pouvait être bénéfique pour l'apprentissage de la lecture. Voir Esther Duflo, *Le Développement humain. Lutter contre la pauvreté I*, Seuil, 2010, p. 44-52.
27. OCDE, *Regards sur l'éducation,* 2015.
28. Pascal Bressoux, Laurent Lima, « La place de l'évaluation dans les politiques éducatives. Le cas de la taille des classes à l'école primaire en France », *in* Georges Felouzis, Sigfried Hanhart (éd.), « Gouverner l'éducation par les nombres ? Usages, débats, controverses », *Raisons éducatives*, 2011, n° 15, De Boek, p. 99-123.
29. Voir notamment, l'article de synthèse de Peter Blatchford : http://www.education.com/reference/article/class-size/.

L'école élémentaire

1. Ainsi, en 2014, un sondage OpinionWay Cevipof indiquait que 67 % des Français avaient confiance en l'école contre 73 % en 2012.
2. « PIRLS 2011. Étude internationale sur la lecture des élèves au CM1. Évolution des performances à dix ans », *Note d'information* n° 12.21, décembre 2012.
3. DEPP, « Lire, écrire, compter : les performances des élèves de CM2 à vingt ans d'intervalle 1987-2007 », *Note d'information*, décembre 2008.

4. Joseph K. Torgesen, « Catch them before they fall : Identification and assessment to prevent reading failure in young children », art. cit.
5. Voir notamment Pascal Bressoux, « Les recherches sur les effets-écoles et les effets-maîtres », *Revue française de pédagogie*, 1994, 108, (1), p. 91-137.
6. Stanislas Dehaene, Ghislaine Dehaene-Lamberts, Édouard Gentaz, Caroline Huron, Liliane Sprenger-Charolles, *Apprendre à lire,* Odile Jacob, 2011, p. 68-100.
7. Un exemple parmi d'autres est la méthode phonétique et gestuelle qui s'appuie sur les principes de la méthode syllabique en y ajoutant une dimension visuelle dont l'efficacité a été prouvée par l'expérience.
8. Michel Fayol, *L'Acquisition du nombre*, PUF, « Que sais-je », 2013.
9. Sandrine Garcia et Anne-Claudine Oller, *Réapprendre à lire, de la querelle des méthodes à l'action pédagogique*, Seuil, 2015.
10. Interview d'Anne-Claudine Oller et Sandrine Garcia par Cécile Daumas, « Il y a une instrumentalisation politique de l'apprentissage de la lecture », *Libération*, 31 août 2015.
11. Michel Fayol, *L'Apprentissage de l'orthographe*, http://www.college-de-france.fr/site/stanislas-dehaene/symposium-2012-11-20-14h30.htm.
12. Érasme, *Lettre 56, à Christian Northoff*, 1497.
13. C'est ce que dénonce André Antibi depuis le début des années 2000 et l'association qu'il a créée en 2003 : « Mouvement de lutte contre la constante macabre ». À la place, il promeut un « système d'évaluation par contrat de confiance ».
14. Institut Montaigne, *Le Numérique pour réussir dès l'école primaire*, mars 2016.

Le collège

1. Edgar Morin, « Culture adolescente et révoltes étudiantes », *Annales*, 1969, vol. 24, n° 3, p. 765-776.
2. Emmanuel Kant, *Traité de pédagogie* (1803, trad. Jules Barni).
3. Sur la naissance du collège unique voir Antoine Prost, *Du changement dans l'école. Les réformes de l'éducation de 1936 à nos jours*, Seuil, 2013.
4. Voir par exemple : http://www.institutmontaigne.org/fr/publications/le-numerique-pour-reussir-des-lecole-primaire.
5. Philippe Aghion, Gilbert Cette et Élie Cohen, *Changer de modèle*, Odile Jacob, 2014.
6. Francesco Avvisati, Marc Gurgand, Nina Guyon, Éric Maurin, *Quels effets attendre d'une politique d'implication des parents d'élèves dans les collèges ? Les enseignements d'une expérimentation contrôlée*, Rapport pour le Haut Commissaire à la Jeunesse, 2010.

7. Dominique Goux, Marc Gurgand et Eric Maurin, *Aspirations scolaires et lutte contre le décrochage*, Rapport final pour le Fonds d'expérimentation pour la jeunesse, juin 2014.
8. Luc Behaghel, Clément de Chaisemartin, Axelle Charpentier et Marc Gurgand, *Les Effets de l'internat d'excellence de Sourdun sur les élèves benéficiaires. Résultats d'une expérience contrôlée*, 2013.
9. Jacques Julliard, *L'école est finie*, Flammarion, 2015.
10. Voir chapitre organisation du système éducatif.
11. Sur l'idée de collège commun, voir Jean-Michel Blanquer, *L'École de la vie*, Odile Jacob, 2014, p. 89 et suivantes.
12. Pour une esquisse de ce que pourrait être ce socle redéfini, voir *ibid.*, p. 68-74.
13. Dans *Lutter contre la pauvreté I* (*op. cit.*), Esther Duflo avance en s'appuyant sur une expérimentation menée au Kenya que les groupes de compétences peuvent être bénéfiques pour les enfants les plus faibles comme pour les plus avancés. « On constate que les groupes de niveau aident les enfants les plus faibles à maîtriser plus vite les connaissances de base, alors que les enfants les plus forts font des progrès particulièrement rapides sur des compétences plus avancées. Cette expérimentation confirme donc le rôle de la pédagogie et, en particulier, l'importance d'un enseignement adapté au niveau des enfants » (p. 51).
14. Dans cette optique, le centre de documentation serait totalement transformé pour devenir véritablement le cœur du collège, avec une dimension digitale très affirmée et une ouverture assumée sur le territoire. Le professeur documentaliste devient alors le stratège numérique auprès du chef d'établissement, chargé de concevoir et déployer une stratégie digitale permettant de faire évoluer l'organisation du temps de l'élève et les pratiques pédagogiques.
15. Michel de Montaigne, *Essais*, Livre I, chapitre XXV.

Le lycée

1. Ministère de l'Éducation nationale, de l'Enseignement supérieur et de la Recherche, *Repères et références statistiques sur les enseignements, la formation et la recherche*, édition 2015, octobre 2015.
2. Ministère de l'Éducation nationale, de l'Enseignement supérieur et de la Recherche, « Parcours et réussite aux diplômes universitaires : les indicateurs de la session 2014 », *Note flash*, février 2016.
3. Magali Danner, Marie Duru-Bellat, Séverine Le Bastard, Bruno Suchaut, « L'aide individualisée en seconde. Mise en route et premiers effets d'une innovation pédagogique », *Les Notes de l'Irédu* (Institut de recherche sur l'éducation : sociologie et économie de l'éducation), février 2001.

4. Dans un rapport de janvier intitulé, *Décentralisation sortons de la confusion*, l'Institut Montaigne propose ainsi de « transférer aux régions la totale responsabilité des établissements d'enseignement, leur financement, la gestion des personnels, la carte de formation, etc. ».

La carrière des professeurs

1. Charles Péguy, *Œuvres en prose complètes*, tome I, Gallimard, « Bibliothèque de la Pléiade », 1987, p. 1058.
2. Devenirenseignant.gouv.fr ; http://www.lemonde.fr/etudes-superieures/article/2015/09/21/concours-des-professeurs-des-ecoles-le-grand-ecart-de-la-selection_4765929_4468191.html.
3. DEPP, « TALIS 2013. Enseignant en France : un métier solitaire ? », *Note d'information*, juin 2014.
4. Harris Interactive pour le SNUipp-FSU, *Les Préoccupations des enseignants de primaire. Comment perçoivent-ils leur métier aujourd'hui ? Quels enjeux émergent au centre de leurs préoccupations ?*, janvier 2016 (http://institut.fsu.fr/Les-preoccupations-des-enseignants-de-primaire.html).
5. *Des facteurs de valeur ajoutée des lycées*, rapport de l'IGEN et de l'IGAENR, juillet 2015.
6. Pascal Bressoux, « Histoire et perspective des recherches sur l'effet-maître » *in Recherche sur l'évaluation en éducation*, Paris, L'Harmattan, 2007.
7. Eric A. Hanushek, *Teacher Quality*, Hover Press, 2002.
8. Une telle expérimentation avait été mise en place dans l'académie de Créteil à partir de 2009 avec le soutien de la Fondation d'entreprise EADS et avec l'engagement personnel de son président d'honneur Louis Gallois. Quatre-vingts bourses avaient été créées pour soutenir de jeunes boursiers désireux de s'orienter vers des carrières scientifiques et obtenant de très bon résultats dans ces disciplines. L'idée était alors de les soutenir tout au long de leur parcours scolaire et de leurs études supérieures.
9. C'est d'ailleurs à cette mission que se consacre avec beaucoup de ténacité l'association « Après prof », pilotée par Rémi Boyer. Sur le travail mené, voir par exemple Rémi Boyer et José Mario Horenstein, *Souffrir d'enseigner… Faut-il rester ou partir ?*, Mémogrames, 2015.
10. Charles Péguy, *Œuvres en prose complètes*, *op. cit.*, p. 1058.
11. OCDE, *TALIS 2013* (« Teaching And Learning International Survey »), 2014 (http://www.oecd.org/edu/school/talis-2013-results.htm).
12. Cette expérience avait d'ailleurs été tentée dans l'académie de Créteil à la fin des années 2000.

L'organisation du système éducatif

1. Source : site de la fédération des commissions scolaires du Québec : http://fcsq.qc.ca/.
2. Il faut toutefois noter que la participation à l'élection des commissions scolaires demeure faible. Ainsi, lors des dernières élections de 2014, le taux de participation s'est élevé à 5,54 %. Dans les commissions scolaires anglophones, il s'élevait à près de 17 %.
3. Caroline M. Hoxby, *A Straitghtforward Comparison of Charter Schools and Regular Public Schools in the United States*, Department of Economics, Harvard University, 2004.
4. Andrew Eyles, Claudia Hupkau, Stephen Machin, « Academies, charter and free schools : Do new school types deliver better outcomes ? », *Economy Policy*, octobre 2015.
5. https ://mckinseyonsociety.com/downloads/reports/Education/Education_Intro_Standalone_Jan12_French.pdf. Ce travail suivait une première étude publiée en 2007 et intitulée « Les clés du succès des systèmes éducatifs les plus performants ».

Table

DU MÊME AUTEUR
CHEZ ODILE JACOB

L'Invention de l'État. Léon Duguit, Maurice Hauriou et la naissance du droit public moderne, avec Marc Millet, 215.

L'École de la vie, 2014.

Cet ouvrage a été imprimé en France
par CPI
en octobre 2016

N° d'impression : 137706
N° d'édition : 7381-3334-X
Dépôt légal : octobre 2016